Jules Lazare

Gems of Modern French Poetry

For reading and recitation, comp. and ed. with introductory remarks on the principles of French versification, short biographical notices, and a full phraseological French-English vocabulary in the order of the text

Jules Lazare

Gems of Modern French Poetry
For reading and recitation, comp. and ed. with introductory remarks on the principles of French versification, short biographical notices, and a full phraseological French-English vocabulary in the order of the text

ISBN/EAN: 9783337097127

Printed in Europe, USA, Canada, Australia, Japan

Cover: Foto ©Paul-Georg Meister /pixelio.de

More available books at **www.hansebooks.com**

GEMS

OF

MODERN FRENCH POETRY

FOR

READING AND RECITATION

COMPILED AND EDITED

With Introductory Remarks on the Principles of
French Versification, Short Biographical Notices,
and a full Phraseological French-English
Vocabulary in the Order of the Text

BY

JULES LAZARE
Bachelier ès Lettres

LIBRAIRIE HACHETTE & Cie
LONDON: 18 KING WILLIAM STREET, CHARING CROSS
PARIS: 79 BOULEVARD SAINT-GERMAIN

1899

All rights reserved

HACHETTE AND COMPANY'S PUBLICATIONS may be had of the following firms in the United States of America:—

NEW YORK: DYRSEN AND PFEIFFER.
W. R. JENKINS.

BOSTON: T. H. CASTOR AND CO.
C. A. KOEHLER AND CO.

CONTENTS

No.	Title.	Author.	Page
1.	Un songe,	Sully Prudhomme,	1
2.	Clair de lune,	Paul Verlaine,	2
3.	Appareillage,	J. Autran,	3
4.	Atterrissage,	J. Autran,	3
5.	Les yeux,	Sully Prudhomme,	4
6.	Carcassonne,	G. Nadaud,	5
7.	La chanson du vannier,	A. Theuriet,	7
8.	Le roi d'Yvetot,	J. P. Béranger,	8
9.	Le bon gîte,	Déroulède,	10
10.	Une apparition,	A. de Musset,	12
11.	Mes bœufs,	Pierre Dupont,	15
12.	Sur la mort d'une jeune fille de sept ans,	Hégésippe Moreau,	16
13.	Le phare,	Du Pontavice de Heussey,	17
14.	La joie du foyer,	V. Hugo,	18
15.	La bataille,	A. Lemoyne,	20
16.	La libellule,	Th. Gautier,	21
17.	Le sommeil de bébé,	V. Hugo,	24
18.	La mort d'un bouvreuil,	A. Brizeux,	26
19.	Marine,	E. Deschamps.	27
20.	L'envers du ciel,	A. Besse,	29
21.	Le psaume de la vie,	Mme de Pressensé,	30
22.	Les naufragés,	V. Hugo,	31
23.	A la France,	A. Chénier,	33
24.	La conscience,	V. Hugo,	34
25.	La frégate 'La Sérieuse,'	A. de Vigny,	36

No	Title.	Author.	Page
26.	L'âme du vin,	Ch. Baudelaire,	39
27.	Souvenir,	A. Brizeux,	40
28.	Les mineurs de Newcastle,	H. A. Barbier,	41
29.	Mon chien,	A. de Lamartine,	44
30.	Les trois jours de Christophe Colomb,	C. Delavigne,	46
31.	Excelsior,	Henriette Hollard,	47
32.	Pour les pauvres,	V. Hugo,	49
33.	Le crucifix,	A. de Lamartine,	52
34.	La mère et l'enfant,	E. Manuel,	56
35.	La prière de l'enfant,	V. Hugo,	58
36.	Le rouet,	L. Tournier,	60
37.	Les mondes,	F. Ponsard,	63
38.	Le troubadour,	F. Coppée,	65
39.	La robe,	E. Manuel,	68
40.	Les pauvres gens,	V. Hugo,	72
	Biographical Notices,		79
	French-English Vocabulary,		89

INTRODUCTION

ALL syllables in modern French poetry are in a sense equal, since the pronunciation of French words does not show any well-marked distinctions of stress or accentuation. It follows, therefore, that the measure of French verse is reckoned solely by the number of sounded syllables irrespective of emphasis or length.

The so-called *E mute*, although not emphasized in reading poetry, forms one syllable with the consonants belonging to it, except before a vowel or an *H* mute, or at the end of the line.

French lines consist of any number of syllables up to twelve. Those, however, of one, nine, and eleven are rarely used. The most important is the famous **Alexandrine** or **twelve-syllable line**:

<pre>
       1   2   3   4 5   6   7 8   9 10 11 12
       Et s'il n'en res-te qu'un, ‖ je se-rai ce-lui-là.
                                           (VICTOR HUGO.)
</pre>

Each line is divided into two equal parts called hemistichs, the last word of the first part always ending with a sounded syllable or with a mute *e* which is elided, the next word beginning with a vowel or silent *h*. This division or metrical pause is called the Cæsura (see page xiii).

Epic, dramatic, satirical, and didactic poetry is almost invariably written in Alexandrines which are also employed in modern sonnets and other forms of lyric poetry.

Ten-syllable lines, the oldest form of French verse, usually take the Cæsura after the fourth syllable:

<pre>
     1   2   3   4   5 6   7   8   9   10
     Je veux ce soir, ‖ vi - si-tant tes ri - vages
     Y pro - me-ner ‖ mes rê-ves les plus chers.
                           (No. 19. *Marine*, by E. DESCHAMPS.)
</pre>

Nearly all the old epic or heroic French poetry, most of the didactic poems of the eighteenth century, and the old *Chansons de geste* are written in this measure. It does not offer the same facilities as the Alexandrine for pauses or general effect, but the inequality of the hemistichs gives a pleasing variety to the lines. Less majestic than twelve-syllable verse, it has a quicker movement, and is often preferred in modern odes, narratives, songs, etc.

Eight-syllable lines are the freest and lightest form of French verse:

$$\overset{1}{\text{Je}}\ \overset{2}{\text{vois}}\ \overset{3}{\text{bien}}\ \overset{4}{\text{qu'il}}\ \overset{5}{\text{n'est}}\ \overset{6}{\text{l}}\ \text{-}\ \overset{7}{\text{ci}}\ \overset{8}{\text{bas}}$$
De bon-heur com-plet pour per-sonne.
(No. 6. *Carcassonne*, by G. NADAUD.)

It is suited to many styles: epistles (serious or humorous), descriptive pieces, sustained narratives, odes, elegies, songs, the modern French *ballade*, etc.

Lines of seven syllables are employed in familiar epistles, anecdotes, songs, lays, and ditties, sometimes alone, more often mingled with longer or shorter lines:

$$\overset{1}{\text{Sur}}\ \overset{2}{\text{la}}\ \overset{3}{\text{bru}}\text{-}\overset{4}{\text{yère}}\ \overset{5}{\text{ar}}\text{-}\overset{6}{\text{ro}}\text{-}\overset{7}{\text{sée}}$$
$$\overset{1}{\text{De}}\ \overset{2}{\text{ro}}\text{-}\overset{3}{\text{sée.}}$$
(No. 16. *La Libellule*, by TH. GAUTIER.)

Some of La Fontaine's best-known fables are in seven-syllable lines:

$$\overset{1}{\text{Ju}}\text{-}\overset{2}{\text{pi}}\text{-}\overset{3}{\text{ter}}\ \overset{4}{\text{voy}}\text{-}\overset{5}{\text{ant}}\ \overset{6}{\text{nos}}\ \overset{7}{\text{fautes}}$$
Dit un jour du haut des airs.

Six-syllable lines are, strictly speaking, half Alexandrines or hemistichs rhyming with each other. Light and graceful, they are frequently found in lyrics, interspersed with lines of greater measure:

$$\overset{1}{\text{Sym}}\text{-}\overset{2}{\text{bo}}\text{-}\overset{3}{\text{le}}\ \overset{4}{\text{deux}}\ \overset{5}{\text{fois}}\ \overset{6}{\text{saint,}}\ \overset{7}{\text{don}}\ \overset{8}{\text{d'u}}\text{-}\overset{9}{\text{ne}}\ \overset{10}{\text{main}}\ \overset{11}{\text{mou}}\text{-}\overset{12}{\text{rante,}}$$
$$\overset{1}{\text{I}}\text{-}\overset{2}{\text{ma}}\text{-}\overset{3}{\text{ge}}\ \overset{4}{\text{de}}\ \overset{5}{\text{mon}}\ \overset{6}{\text{Dieu.}}$$
(No. 33. *Le Crucifix*, by LAMARTINE.)

Lines of five syllables are used more frequently in light poetry than six-syllable lines, especially in pieces of a descriptive character, musical compositions, and allegorical subjects. Entire poems are sometimes written in this measure, one of the best known specimens of the kind being Mme Deshoulières' idyll commencing as follows:

$$\overset{1}{\text{Dans}}\ \overset{2}{\text{ces}}\ \overset{3}{\text{prés}}\ \overset{4}{\text{fleu}}\text{-}\overset{5}{\text{ris}}$$
Qu'ar- ro- se la Seine.

INTRODUCTION ix

Lines of four syllables or less are rare:

1   2   3   4
La lu - ne blanche
Luit dans les bois.
(No. 2. *Clair de Lune*, by P. VERLAINE.)

They are generally found interspersed with verses of various lengths. Some very striking examples of whole stanzas in two-, three-, and four-syllable verse respectively can be seen in V. Hugo's famous poem 'Les Djinns' (Orientales XXVIII).

RHYME.

Rhyme is the correspondence of the last sound of one line to the last sound of another which follows immediately or at no great distance. Besides being in itself a pleasing musical accord, it serves to mark the ending of the lines. So much is this the case in French, where the language is homotonic, that metre without rhyme is almost undistinguishable from prose, and blank verse practically nonexistent.

There are two kinds of rhyme in French: **Masculine** and **Feminine**.

A rhyme is **masculine** when the final syllable of each of the corresponding lines is sounded (*i.e.* does not contain an e mute).

Dans l'étroite mansarde où glisse un jour dou-teux
La femme et le mari se querellaient tous deux.
(No. 39. *La Robe*, by E. MANUEL.)

NOTE.—The term 'masculine rhyme' probably originates from the fact that substantives not ending in a mute syllable are generally of masculine gender. It will be noticed, however, that masculine and feminine rhymes are not governed by the gender of words in the corresponding lines, but depend solely upon the formation of the final syllables. Thus *père, frère*, although of masculine gender, form, nevertheless, feminine rhyme, whilst the feminine substantives *sœur, fleur*, constitute masculine rhyme.

A rhyme is **feminine** when the final syllable of each of the corresponding lines ends in e mute alone, or e mute followed by s or the nt of the third person plural of verbs. These terminations, not being pronounced, are not reckoned in the syllabic quantity of the verse:

> Ma fille! va prier!—Vois, la nuit est venu-e
> Une planète d'or là-bas perce la nu-e.
> (No. 35. *La Prière de l'Enfant*, by V. Hugo.)

EXCEPTIONS.—The termination **aient** of the imperfect and conditional, and the subjunctives **aient** and **soient** (from **avoir** and **être**) are monosyllabic. The *e* mute being merged or lost in the vowels which precede, the whole termination forms a final sounded syllable and is therefore classed among masculine rhymes.

It should be noted that in the feminine form the rhyme must be *doubled*, i.e. must agree not only in the final *e*, *es*, or *ent* termination, but also in the assonant vowel.

Thus, for instance, *au-da-ce* and *es-pè-ce* cannot rhyme; both have the same mute termination, but the assonant vowels differ. On the other hand, the assonant vowels in *prêtre* and *maître*, though unlike in orthography, are, nevertheless, pronounced alike. Both words have, in addition, identical terminations, and therefore form good feminine rhyme.

A rhyme is called **sufficient** in French when the final vowel-sounds and the following articulations (if any) are alike in the corresponding lines:

> Il est nuit; la cabane est pauvre, mais bien close.
> Le logis est plein d'ombre, et l'on sent quelque chose
> Qui rayonne à travers le crépuscule obscur.
> Des filets de pêcheur sont accrochés au mur.
> (No. 40. *Les Pauvres Gens*, by V. Hugo.)

EXCEPTIONS:—1. The terminations a, é, ée, er, and i, by themselves are insufficient. They can only form sufficient rhyme when preceded by an identical articulation, *e.g.*:

Bon|té rhymes with san|té or fier|té, but not with don né.
Sor|ti rhymes with par|ti but not with fi|ni.

2. The termination u must likewise be preceded by an identical articulation, *e.g.*:

Ven|du rhymes with descen|du but not with re|nu.

If, however, one or both words are monosyllabic, the final u alone constitutes sufficient rhyme. Thus: *pu, tu, vu, mu*, etc., rhyme sufficiently with each other or with polysyllables ending in u, such as *absolu, dissolu*, etc.

A **rich rhyme** consists of a sufficient rhyme preceded by

one or more letters having identical pronunciation in each of the corresponding syllables:

> Hélas! si j'avais su, lorsque ma voix qui prêche
> T'ennuyait de leçons, que sur toi, rose et fraîche.
> (No. 12. *Sur la Mort d'une Jeune Fille de sept ans,*
> by Hégésippe Moreau.)

> Oh! combien de marins, combien de capitaines,
> Qui sont partis joyeux pour des courses lointaines.
> (No. 22. *Les Naufragés,* by V. Hugo.)

Note.—The terminations of such words as *aus-tère, salu-taire; tra-vaux, dé-vôts,* etc., although differing in orthography, form, nevertheless, rich rhyme, the rhyme being governed by the sound and not by the spelling. On the other hand, such words as *al-tier* and *fier, aimer* and *mer,* cannot rhyme; the terminations are spelt alike but the pronunciation differs.

One of the richest rhymes occurs when the entire word is identical in sound and articulation with part of the word in the corresponding line:

> Sur la bruyère arrosée
> De rosée.
> (No. 16. *La Libellule,* par Th. Gautier.)

From the preceding examples it will be easily *felt* that the fuller the sound, the richer the rhyme.

The following cannot rhyme:

(a) A word with itself,
(b) A substantive with its verb: *arme, il arme,*
(c) A simple word with its compound or derivative: *prudent, imprudent,*

but two words of entirely different meaning, although identical in sound and spelling, constitute good rhyme. Thus the negative *pas* rhymes with the substantive *pas*=steps, and *porte* (fr. *porter*) with *porte*=door.

> Il marche, et des trois jours le premier jour a lui:
> Il marche, et l'horizon recule devant lui.
> (No. 30. *Les trois jours de Christophe Colomb,*
> by C. Delavigne.)

Two hemistichs in the same line must not rhyme together. The end of a line must not rhyme with the first hemistich of the following line.

The two first hemistichs of two consecutive lines must not rhyme with each other.

The foregoing examples of rich rhyme illustrate a remarkable and fundamental difference in the construction of English and French rhyme. Rhyming syllables differ in English in the articulation preceding the accented vowel-sound, whereas complete identity in sound and articulation *of all the parts of the rhyming syllable* is much sought after by French poets. Such correspondence as *dent* and *ardent*, *port* and *support*, constitute what the French call very rich rhyme, but in English they would be considered faulty, or inadmissible.

Rimes plates (close rhymes) consist of masculine and feminine couplets or *vice-versa*, following each other in regular alternation:

<pre>
La nuit et l'ouragan! La lueur d'un éclair   m.
Dessine un grand rocher qui domine la mer.   m.
Il est seul. Son flanc noir, argenté par l'écume. f.
D'une vapeur guerrière éternellement fume.   f.
Il est seul, dans son calme et sa virilité,   m.
Un contre tous, debout comme la vérité!   m.
Ses pans coupés à pic, ses pointes colossales   f.
Font face à l'Océan, déchirent les rafales.   f.
     (No. 13. Le Phare, by DU PONTAVICE DE HEUSSEY.)
</pre>

Rimes croisées (crossed rhymes) are arranged as follows:—
(*a*) Masculine lines alternating with feminine lines or vice-versa:

<pre>
Je me fais vieux, j'ai soixante ans,   m.
J'ai travaillé toute ma vie,   f.
Sans avoir, durant tout ce temps,   m.
Pu satisfaire mon envie.   f.
       (No. 6. Carcassonne, by G. NADAUD.)
</pre>

(*b*) Masculine lines (1st and 4th lines) separated by two or more feminine lines or *vice-versa*:

<pre>
Le laboureur m'a dit en songe:—Fais ton pain,   m.
Je ne te nourris plus, gratte la terre, et sème.   f.
Le tisserand m'a dit:—Fais tes habits toi-même.   f.
Et le maçon m'a dit:—Prends la truelle en main.   m.
       (No. 1. Un Songe, by SULLY PRUDHOMME.)
</pre>

Rimes mêlées (mixed rhymes) consist of masculine and feminine lines which do not follow each other uniformly. Many of La Fontaine's Fables are written in this manner.

INTRODUCTION

THE SONNET.

A glance at the contents of this volume will show that there is much variety in the construction and length of the stanzas. Although there are established models, the poet is not bound by any inflexible rules in this respect, and innovation is always possible except in a few compositions the form of which is absolutely fixed. The most popular of these latter is the Sonnet, which consists of two stanzas of four lines each (*Quatrains*), and two of three lines each (*Tercets*). The first Quatrain must contain one masculine and one feminine rhyme, which must correspond with a masculine and feminine rhyme respectively in the second Quatrain. The two Tercets must consist of two masculine rhymes and one feminine rhyme or *vice-versa*.

Sonnets may be written in lines of any length. They generally end in some sublime and lofty thought. (For a model of the Sonnet, see No. 1. *Un Songe*.)

THE CÆSURA AND THE HEMISTICH.

Alexandrines (twelve-syllable verses) are divided into two parts by a metrical pause after the sixth syllable. This division is called a **Cæsura**, and each part of the verse a **Hemistich** (from the Greek, *hemi-stichos*, signifying half-verse):—

<u>1st hemistich.</u>   <u>2nd hemistich.</u>
1 2 3 4 5 6   7 8 9 10 11 12
Quand le na-vire est prêt ‖ pour sa cour-se loin-taine.
(No. 3. *Appareillage*, par J. AUTRAN.)

In ten-syllable verse, the Cæsura usually falls between the fourth and fifth syllables:—

1 2 3 4   5 6 7 8 9 10
Sombre O-cé-an ‖ du haut de tes fa-laises.
(No. 19. *Marine*, by E. DESCHAMPS.)

Sometimes, however, the Cæsura is found between the fifth and sixth syllables, in which case the verse, like the Alexandrine, is divided into two equal Hemistichs:

1 2 3 4 5   6 7 8 9 10
J'ai dit à mon cœur, ‖ à mon pauvre cœur:
N'est-ce point as- sez ‖ de tant de tris- tesse?
(A. DE MUSSET.)

N.B.—Modern poets often take liberties with the Cæsura, either to avoid monotony, or simply to gain a greater freedom of expression:

```
  1  2  3   4   5  6  7  8   9    10  11  12
  Le la-bou-reur me dit en songe: ‖ fais ton pain!
```
            (No. 1. *Un Songe*, by SULLY PRUDHOMME.)

With verses of eight syllables or less, the Cæsura is absent or does not fall in any fixed position. Eight-syllable lines would become monotonous and disagreeable if they were uniformly divided, but a pause generally occurs in the line.

The Cæsura must never divide a word; it must either fall upon a fully-sounded syllable or a mute e followed by a vowel or silent h. In the latter case the e is elided and, therefore, not counted in the measure of the line:

```
  1   2   3    4    5   6         7   8   9    10   11   12
  Toi que j'ai re-cueil-li    ‖ sur sa bouche ex - pi-rante
  A - vec son der-nier souffl(e)‖ et son der-  nier a - dieu.
```
            (No. 33. *Le Crucifix*, by LAMARTINE.)

The following, which are united by affinity, grammar, or pronunciation, cannot be divided by the Cæsura:

1. The article or possessive adjective and the noun.
2. The preposition and its complement.
3. The auxiliary and its participle.
4. The pronoun subject and its verb.
5. The verb *être* and its attribute.
6. Certain compound phrases or expressions, such as *tandis que, rendre raison, porter ombrage*, etc., etc.

HIATUS.

In French poetry, the mute e is the only vowel-ending of a word which can be followed by another word beginning with a vowel or silent h. With this exception, the coming together of any two vowels (or of a vowel and a silent h) at the end of one word and the commencement of another respectively, forms a **hiatus** which is strictly forbidden. The conjunction *et* followed by a vowel or silent h would likewise form a hiatus, as the letter *t*, here, is not pronounced. Thus, we cannot say, in poetry: *et il vient, sage et heureux*.

ENJAMBEMENT.

The **enjambement** consists of a clause commencing in one line and finishing in the next:

> Et comme *les astres penchants*
> *Nous quittent* . . .
> (No. 5. *Les Yeux*, 4th Stanza, by SULLY PRUDHOMME.)
> *Où la truite* qui monte et file entre deux eaux
> *S'enfonce*, et tout à coup se débat frémissante.
> (No. 7. *La Chanson du Vannier*, 5th Stanza, by A. THEURIET.)

This running-on of the sense arrests attention by detaching a portion of the line which is usually not isolated, and sometimes produces a very striking effect.

N.B.—The enjambement was practically forbidden during the classical period, but Victor Hugo and the poets of the Romantic school resorted to it very freely. It is a valuable resource if used sparingly.

POETIC LICENCES.

Poetic licences consist of certain exceptions to the general rules of prose writing, which are allowed in favour of the syllabic quantity, harmony, rhyme, or elegance of verse composition. They may be classified as follows:

1. Licences of Orthography.
2. Arrangements of Words, Inversions, etc.
3. Licences of Grammar.

1. LICENCES OF ORTHOGRAPHY.

The final s may be suppressed in the following words to meet the exigencies of rhyme: *je crois*, *je dois*, *j'écris*, *je reçois*, and frequently in the first person indicative of other verbs, also in *certes*, *mêmes*, *Athènes*, *Charles*, etc. On the other hand, the following often take an s in poetry: *grâce* s, *guère* s, *jusque* s, *naguère* s, etc.:

> J'aime de toi, jusques à tes ravages.
> (No. 19. *Marine*, by E. DESCHAMPS.)

The final e in *encore* is often omitted for the sake of metre or rhyme:

> Et par quelle pitié pour nos cœurs il te donne,
> Pour aimer *encor* ceux que n'aime plus personne.
> (No. 29. *Mon Chien*, by LAMARTINE.)

2. Arrangement of Words, Inversions, etc.

In French poetry the subject often comes after the verb. The preposition and its complement may be placed before the substantive, adjective or verb by which they are governed. Such inversions are of frequent occurrence:

> La brume des coteaux fait'trembler le contour.
> (No. 35. *La Prière de l'Enfant*, by V. Hugo.)
> Il faisait beau.—La mer de sable environnée.
> (No. 25. *La Frégate 'La Sérieuse,'* by A. de Vigny.)

When a verb immediately precedes another verb, the pronoun object of the second can be placed in front of both verbs instead of occupying its usual position between the verbs:

> Si tu me veux aimer, aime-moi sans me craindre.—Corneille.
> Oui, je le vais trouver, je lui vais obéir.—Voltaire.

When two verbs follow one another in the imperative affirmative, the personal pronoun may precede instead of following the second verb, substituting *me* for *moi*, or *te* for *toi*. This licence, however, is only permissible after the conjunction *et* or *ou*. Thus, instead of *et laisse-toi abuser* the poet may write:

> Sors du trône, *et te laisse abuser* comme moi.—(Corneille.)

3. Licences of Grammar.

The adverb où is often used in place of *à qui, auquel, à laquelle, vers lequel*, etc. This substitution gives firmness and precision to the style.

En and **dans** are used instead of **à** before names of towns and localities, beginning with a vowel or silent **h**,—thus avoiding the hiatus.

A verb, having two or more subjects, may still be given in the singular.

The ellipsis is frequently resorted to. A subject pronoun need not be repeated at the commencement of the second or subsequent clause, even though the subject be far removed from the verb.

GEMS

OF

MODERN FRENCH POETRY

1

UN SONGE

Le laboureur me dit en songe : 'fais ton pain,
Je ne te nourris plus, gratte la terre et sème !'
Le tisserand me dit : 'fais tes habits toi-même !'
Et le maçon me dit : 'prends la truelle en main !'

Et seul, abandonné de tout le genre humain
Dont je traînais partout l'implacable anathème,
Quand j'implorais du ciel une pitié suprême,
Je trouvais des lions debout sur mon chemin.

J'ouvris les yeux doutant si l'aube était réelle.
De hardis compagnons sifflaient sur leur échelle ;
Les métiers bourdonnaient, les champs étaient semés.

Je compris mon bonheur et qu'au siècle où nous sommes
Nul ne peut se vanter de se passer des hommes,
Et depuis ce jour-là je les ai tous aimés.

Sully Prudhomme.
(Lemerre, Éditeur.)

2

CLAIR DE LUNE

La lune blanche
Luit dans les bois,
De chaque branche
Part une voix
Sous la ramée,

O bien aimée !

L'étang reflète,
Profond miroir,
La silhouette
Du saule noir
Où le vent pleure,

Rêvons, c'est l'heure !

Un vaste et tendre
Apaisement
Semble descendre
Du firmament
Que l'astre irise,

C'est l'heure exquise !

PAUL VERLAINE.
(*Choix de Poésies.* Charpentier, Éditeur)

3

APPAREILLAGE

Quand le navire est prêt pour sa course lointaine,
Que tous les passagers sont arrivés à bord,
Et que la brise est bonne à qui s'en va du port,
'Levons l'ancre et partons,' dit le vieux capitaine.

Alors les matelots au cabestan de chêne,
Avec un chant plaintif, avec un rude effort,
Tirent, tirent longtemps la longue et lourde chaîne
Qui s'attache avec l'ancre au sable qu'elle mord.

Je comprends, matelots, pourquoi ce chant est triste,
Et je comprends aussi pourquoi l'ancre résiste :
Ah ! c'est qu'elle s'accroche à tout le cœur humain.

AUTRAN.

4

ATTERRISSAGE

Au retour du pays que l'on voulut connaître,
Échappé, non sans peine, au vent qui vous poursuit,
Il est doux de revoir le bord qui vous vit naître,
Par un soleil riant qui vous y reconduit.

Par quelque soir d'automne il est plus doux peut-être
De revenir au port, d'y pénétrer sans bruit,
Et, dans l'obscurité, de voir une fenêtre
Que rougit la clarté d'une lampe qui luit.

O ciel de l'Équateur ! j'ai, dans tes riches voiles,
Vu le scintillement de toutes les étoiles !
Aucune n'est plus belle et plus digne d'amour,

Que ce pâle rayon de la lampe qui brille
Au-dessus de la table où dîne la famille,
Sans se douter encor que je suis de retour !

AUTRAN.

5

LES YEUX

Bleus ou noirs, tous aimés, tous beaux,
Des yeux sans nombre ont vu l'aurore.
Ils dorment au fond des tombeaux
Et le soleil se lève encore.

Les nuits, plus douces que les jours,
Ont enchanté des yeux sans nombre ;
Les étoiles brillent toujours
Et les yeux se sont remplis d'ombre.

Oh ! qu'ils aient perdu le regard,
Non, cela n'est pas possible.
Ils se sont tournés quelque part
Vers ce qu'on nomme l'invisible.

Et comme les astres penchants
Nous quittent, mais au ciel demeurent,
Les prunelles ont leurs couchants,
Mais il n'est pas vrai qu'elles meurent.

Bleus ou noirs, tous aimés, tous beaux,
Ouverts à quelque immense aurore,
De l'autre côté des tombeaux,
Les yeux qu'on ferme voient encore.
                    SULLY PRUDHOMME
                    (Lemerre, Éditeur.)

6

CARCASSONNE

« Je me fais vieux, j'ai soixante ans,
J'ai travaillé toute ma vie,
Sans avoir, durant tout ce temps,
Pu satisfaire mon envie.
Je vois bien qu'il n'est ici-bas
De bonheur complet pour personne.
Mon vœu ne s'accomplira pas :
Je n'ai jamais vu Carcassonne !

« On voit la ville de là-haut,
Derrière les montagnes bleues ;
Mais, pour y parvenir, il faut,
Il faut faire cinq grandes lieues ;
En faire autant pour revenir ;
Ah ! si la vendange était bonne !
Le raisin ne veut pas jaunir :
Je ne verrai pas Carcassonne !

« On dit qu'on y voit tous les jours,
Ni plus ni moins que les dimanches,
Des gens s'en aller sur le cours,
En habits neufs, en robes blanches.

On dit qu'on y voit des châteaux
Grands comme ceux de Babylone,
Un évêque et deux généraux !
Je ne connais pas Carcassonne !

« Le vicaire a cent fois raison :
C'est des imprudents que nous sommes.
Il disait dans son oraison
Que l'ambition perd les hommes.
Si je pouvais trouver pourtant
Deux jours sur la fin de l'automne . . .
Mon Dieu ! que je mourrais content
Après avoir vu Carcassonne !

« Mon Dieu ! mon Dieu ! pardonnez-moi
Si ma prière vous offense ;
On voit toujours plus haut que soi,
En vieillesse comme en enfance.
Ma femme, avec mon fils Aignan,
A voyagé jusqu'à Narbonne ;
Mon filleul a vu Perpignan,
Et je n'ai pas vu Carcassonne ! »

Ainsi chantait près de Limoux
Un paysan courbé par l'âge.
Je lui dis : « Ami, levez-vous ;
Nous allons faire le voyage. »
Nous partîmes le lendemain,
Mais, que le Bon Dieu lui pardonne !
Il mourut à moitié chemin :
Il n'a jamais vu Carcassonne !

NADAUD.

7
LA CHANSON DU VANNIER

Brins d'osier, brins d'osier,
Courbez-vous, assouplis sous les doigts du vannier.

Brins d'osier, vous serez le lit frêle où la mère
Berce un petit enfant, aux sons d'un vieux couplet ;
L'enfant, la lèvre encor toute blanche de lait,
S'endort en souriant dans sa couche légère.

Brins d'osier, brins d'osier,
Courbez-vous, assouplis sous les doigts du vannier.

Vous serez le panier plein de fraises vermeilles
Que les filles s'en vont cueillir dans les taillis.
Elles rentrent le soir, rieuses, au logis,
Et l'odeur des fruits mûrs s'exhale des corbeilles.

Brins d'osier, brins d'osier,
Courbez-vous, assouplis sous les doigts du vannier.

Vous serez le grand van où la fermière alerte
Fait bondir le froment qu'ont battu les fléaux,
Tandis qu'à ses côtés des bandes de moineaux
Se disputent les grains dont la terre est couverte.

Brins d'osier, brins d'osier,
Courbez-vous, assouplis sous les doigts du vannier.

Lorsque s'empourpreront les vignes à l'automne,
Lorsque les vendangeurs descendront des coteaux,

Brins d'osier, vous lierez les cercles des tonneaux
Où le vin doux rougit les douves, et bouillonne.

    Brins d'osier, brins d'osier,
Courbez-vous, assouplis sous les doigts du vannier.

Brins d'osier, vous serez la cage où l'oiseau chante,
Et la nasse perfide au milieu des roseaux,
Où la truite qui monte et file entre deux eaux
S'enfonce, et tout à coup se débat frémissante.

    Brins d'osier, brins d'osier,
Courbez-vous, assouplis sous les doigts du vannier.

Et vous serez aussi, brins d'osier, l'humble claie
Où, quand le vieux vannier tombe et meurt, on l'étend,
Tout prêt pour le cercueil.—Son convoi se répand
Le soir, dans les sentiers où verdit l'oseraie.

    Brins d'osier, brins d'osier,
Courbez-vous, assouplis sous les doigts du vannier.

A. Theuriet,
(Lemerre, Éditeur.)

8
LE ROI D'YVETOT

Il était un roi d'Yvetot
Peu connu dans l'histoire ;
Se levant tard, se couchant tôt,
Dormant fort bien sans gloire ;
Et couronné par Jeanneton
D'un simple bonnet de coton,
    Dit-on.

Oh! oh! oh! oh! ah! ah! ah! ah!
Quel bon petit roi c'était là!
  Là! là!

Il faisait ses quatre repas
Dans son palais de chaume,
Et sur son âne, pas à pas,
Parcourait son royaume.
Joyeux, simple et croyant le bien,
Pour toute garde il n'avait rien
  Qu'un chien.
Oh! oh! oh! oh! ah! ah! ah! ah!
Quel bon petit roi c'était là!
  Là! là!

Il n'avait de goût onéreux
Qu'une soif un peu vive ;
Mais en rendant son peuple heureux,
Il faut bien qu'un roi vive.
Lui-même à table et sans suppôt,
Sur chaque muid levait un pot
  D'impôt.
Oh! oh! oh! oh! ah! ah! ah! ah!
Quel bon petit roi c'était là!
  Là! là!

Il n'agrandit point ses États,
Fut un voisin commode,
Et, modèle des potentats,
Prit le plaisir pour code.
Ce n'est que lorsqu'il expira
Que le peuple, qui l'enterra,
  Pleura!

Oh ! oh ! oh ! oh ! ah ! ah ! ah ! ah !
Quel bon petit roi c'était là !
　　Là ! là !

On conserve encor le portrait
De ce digne et bon prince :
C'est l'enseigne d'un cabaret
Fameux dans la province.
Les jours de fête, bien souvent,
La foule s'écrie en buvant
　　Devant :
Oh ! oh ! oh ! oh ! ah ! ah ! ah ! ah !
Quel bon petit roi c'était là !
　　Là ! là !

BÉRANGER.

9

LE BON GÎTE

BONNE vieille, que fais-tu là ?
Il fait assez chaud sans cela ;
Tu peux laisser tomber la flamme.
Ménage ton bois, pauvre femme,
Je suis séché, je n'ai plus froid.

Mais elle, qui ne veut m'entendre,
Jette un fagot, range la cendre :

« Chauffe-toi, soldat, chauffe-toi ! »

Bonne vieille, je n'ai pas faim.
Garde ton jambon et ton vin ;

J'ai mangé la soupe à l'étape,
Veux-tu bien m'ôter cette nappe !
C'est trop bon et trop beau pour moi.

Mais elle, qui n'en veut rien faire,
Taille mon pain, remplit mon verre :

« Refais-toi, soldat, refais-toi ! »

Bonne vieille, pour qui ces draps ?
Par ma foi, tu n'y penses pas !
Et ton étable ? Et cette paille
Où l'on fait son lit à sa taille ?
Je dormirai là comme un roi.

Mais elle, qui n'en veut démordre,
Place les draps, met tout en ordre :

« Couche-toi, soldat, couche-toi ! »

—Le jour vient, le départ aussi—
Allons, adieu . . . Mais qu'est ceci ?
Mon sac est plus lourd que la veille . .
Ah ! bonne hôtesse, ah ! chère vieille,
Pourquoi tant me gâter, pourquoi ?

Et la bonne vieille de dire,
Moitié larme, moitié sourire :

« J'ai mon gars soldat comme toi ! »

DÉROULÈDE,
(Nouveaux chants du soldat.)
(CALMANN LÉVY, Éditeur.)

10
UNE APPARITION

Du temps que j'étais écolier,
Je restais un soir à veiller
Dans notre salle solitaire.
Devant ma table vint s'asseoir
Un pauvre enfant vêtu de noir,
Qui me ressemblait comme un frère.

Son visage était triste et beau.
A la lueur de mon flambeau,
Dans mon livre ouvert il vint lire.
Il pencha son front sur ma main,
Et resta jusqu'au lendemain,
Pensif avec un doux sourire.

Comme j'allais avoir quinze ans,
Je marchais un jour à pas lents,
Dans un bois, sur une bruyère.
Au pied d'un arbre vint s'asseoir
Un jeune homme vêtu de noir,
Qui me ressemblait comme un frère.

Je lui demandai mon chemin ;
Il tenait un luth d'une main,
De l'autre un bouquet d'églantine.
Il me fit un salut d'ami,
Et se détournant à demi,
Me montra du doigt la colline.

A l'âge où l'on croit à l'amour,
J'étais seul dans ma chambre un jour
Pleurant ma première misère.
Au coin de mon feu vint s'asseoir
Un étranger vêtu de noir,
Qui me ressemblait comme un frère.

Il était morne et soucieux ;
D'une main, il montrait les cieux,
Et de l'autre, il tenait un glaive.
De ma peine il semblait souffrir :
Mais il ne poussa qu'un soupir
Et s'évanouit comme un rêve.

Un an après, il était nuit ;
J'étais à genoux près du lit
Où venait de mourir mon père.
Au chevet du lit vint s'asseoir
Un orphelin vêtu de noir
Qui me ressemblait comme un frère.

Ses yeux étaient noyés de pleurs ;
Comme les anges de douleurs,
Il était couronné d'épine.
Son luth à terre était gisant,
Sa pourpre de couleur de sang,
Et son glaive dans sa poitrine.

Je m'en suis si bien souvenu
Que je l'ai toujours reconnu
A tous les instants de ma vie.
C'est une étrange vision,
Et cependant, ange ou démon,
J'ai vu partout cette ombre amie.

Lorsque plus tard, las de souffrir,
Pour renaître ou pour en finir,
J'ai voulu m'exiler de France ;
Lorsqu'impatient de marcher,
J'ai voulu partir et chercher
Les vestiges d'une espérance ;

A Pise, au pied de l'Apennin ;
A Cologne, en face du Rhin ;
A Nice, au penchant des vallées ;
A Florence, au fond des palais ;
A Brigues, dans les vieux chalets,
Au sein des Alpes désolées ;

A Gênes, sous les citronniers ;
A Vevey, sous les verts pommiers :
Au Havre, devant l'Atlantique ;
A Venise, sur l'affreux Lido,
Où vient sur l'herbe d'un tombeau
Mourir la pâle Adriatique ;

Partout où sous ces vastes cieux,
J'ai lassé mon cœur et mes yeux,
Saignant d'une éternelle plaie ;
Partout où le boîteux Ennui,
Traînant ma fatigue après lui,
M'a promené sur une claie ;

Partout où le long des chemins,
J'ai posé mon front dans mes mains,
Et sangloté comme une femme ;
Partout où j'ai, comme un mouton
Qui laisse sa laine au buisson,
Senti se dénuer mon âme ;

Partout où j'ai voulu dormir,
Partout où j'ai voulu mourir,
Partout où j'ai touché la terre,
Sur ma route est venu s'asseoir
Un malheureux vêtu de noir
Qui me ressemblait comme un frère.
A. DE MUSSET.

11

MES BŒUFS

J'AI deux grands bœufs dans mon étable,
Deux grands bœufs blancs marqués de roux ;
La charrue est en bois d'érable,
L'aiguillon en branche de houx.
C'est par leurs soins qu'on voit la plaine
Verte l'hiver, jaune l'été ;
Ils gagnent dans une semaine
Plus d'argent qu'ils n'en ont coûté.

Les voyez-vous, les belles bêtes,
Creuser profond et tracer droit,
Bravant la pluie et les tempêtes,
Qu'il fasse chaud, qu'il fasse froid ?
Lorsque je fais halte pour boire,
Un brouillard sort de leurs naseaux,
Et je vois sur leur corne noire
Se poser les petits oiseaux.

Ils sont forts comme un pressoir d'huile,
Ils sont plus doux que des moutons.
Tous les ans, on vient de la ville
Les marchander dans nos cantons,

Pour les mener aux Tuileries,
Au mardi-gras, devant le roi,
Et puis les vendre aux boucheries ;—
Je ne veux pas, ils sont à moi.

Quand notre fille sera grande,
Si le fils de notre Régent
En mariage la demande,
Je lui promets tout mon argent ;
Mais si pour dot il veut qu'on donne
Les grands bœufs blancs marqués de roux,
Ma fille, laissons la couronne,
Et ramenons les bœufs chez nous.

Pierre Dupont.

12

SUR LA MORT D'UNE JEUNE FILLE DE SEPT ANS

Hélas ! si j'avais su, lorsque ma voix qui prêche,
T'ennuyait de leçons, que sur toi, rose et fraîche,
Le noir oiseau des morts planait inaperçu ;
Que la fièvre guettait sa proie, et que la porte
Où tu jouais hier te verrait passer morte ...
    Hélas ! si j'avais su ! ...

Je t'aurais fait, enfant, l'existence bien douce ;
Sous chacun de tes pas j'aurais mis de la mousse ;
Tes ris auraient sonné chacun de tes instants,
Et j'aurais fait tenir dans ta petite vie
Un trésor de bonheur immense ... à faire envie
    Aux heureux de cent ans !

Loin des bancs où pâlit l'enfance prisonnière,
Nous aurions fait tous deux l'école buissonnière
Dans les bois pleins de chants, de parfums et d'amour ;
J'aurais vidé leurs nids pour emplir ta corbeille ;
Et je t'aurais donné plus de fleurs qu'une abeille
    N'en peut voir dans un jour.

Puis quand le vieux janvier, les épaules drapées
D'un long manteau de neige, et suivi de poupées,
De magots, de pantins, minuit sonnant, accourt,
Au milieu des cadeaux qui pleuvent pour étrenne,
Je t'aurais fait asseoir comme une jeune reine
    Au milieu de sa cour.

Mais je ne savais pas . . . et je prêchais encore ;
Sûr de ton avenir, je le pressais d'éclore,
Quand tout à coup, pleurant un long espoir déçu,
De tes petites mains je vis tomber le livre ;
Tu cessas à la fois de m'entendre et de vivre . . .
    Hélas ! si j'avais su !

Hégésippe Moreau.

13

LE PHARE

La nuit et l'ouragan !—La lueur d'un éclair
Dessine un grand rocher qui domine la mer.
Il est seul. Son flanc noir, argenté par l'écume,
D'une vapeur guerrière éternellement fume.
Il est seul, dans son calme et sa virilité,
Un contre tous, debout comme la vérité !
Ses pans coupés à pic, ses pointes colossales
Font face à l'Océan, déchirent les rafales.

Dieu, du sombre duel est l'unique témoin ;
Le rocher dit au flot : Tu n'iras pas plus loin !
Et vingt fois divisée et repoussée au large,
La vague se rallie et revient à la charge ;
Vaillant soldat de pierre, oh ! comme il est blessé !
Quel devoir le retient à ce poste avancé,
Écoutant chaque jour dans la mer qui murmure,
Pièce à pièce tomber sa gigantesque armure ?
Il sait que l'Océan et l'air sont contre lui.
N'importe ! il fut hier ce qu'il est aujourd'hui :
Un vétéran des eaux qu'on nomme l'Inflexible ;
Ah ! voilà si longtemps qu'avec un bruit terrible
Il rejette ceux-là qui veulent l'envahir,
Qu'il devrait se lasser, se courber, obéir.
Dis-moi, lutteur stupide, aux blessures profondes,
Ne vaudrait-il pas mieux t'abandonner aux ondes ;
Te rendre, et, descendu dans le gouffre et l'oubli,
Dormir tranquillement sous le fait accompli ?
A quoi bon t'obstiner contre la mer entière ?
—La mer est un tyran ; je porte une lumière !

Du Pontavice de Heussey.

14

LA JOIE DU FOYER

Lorsque l'enfant paraît, le cercle de famille
Applaudit à grands cris ; son doux regard qui brille
    Fait briller tous les yeux,
Et les plus tristes fronts, les plus souillés peut-être
Se dérident soudain à voir l'enfant paraître,
    Innocent et joyeux.

Soit que juin ait verdi mon seuil, ou que novembre
Fasse autour d'un grand feu vacillant dans la chambre
    Les chaises se toucher,
Quand l'enfant vient, la joie arrive, et nous éclaire.
On rit, on se récrie, on l'appelle, et sa mère
    Tremble à le voir marcher.

Quelquefois nous parlons, en remuant la flamme,
De patrie et de Dieu, des poètes, de l'âme
    Qui s'élève en priant ;
L'enfant paraît ; adieu le ciel et la patrie,
Et les poètes saints ! la grave causerie
    S'arrête en souriant.

Car ses beaux yeux sont pleins de douceurs infinies,
Car ses petites mains, joyeuses et bénies,
    N'ont point mal fait encor ;
Jamais ses jeunes pas n'ont touché notre fange ;
Tête sacrée ! enfant aux cheveux blonds ! bel ange
    A l'auréole d'or !

Vous êtes parmi nous la colombe de l'arche,
Vos pieds tendres et purs n'ont point l'âge où l'on marche,
    Vos ailes sont d'azur.
Sans le comprendre encor, vous regardez le monde.
Double virginité ! corps où rien n'est immonde,
    Ame où rien n'est impur !

Il est si beau, l'enfant ! avec son doux sourire,
Sa douce bonne foi, sa voix qui veut tout dire,
    Ses pleurs vite apaisés,
Laissant errer sa vue étonnée et ravie,
Offrant de toutes parts sa jeune âme à la vie
    Et sa bouche aux baisers !

Seigneur! préservez-moi, préservez ceux que j'aime,
Frères, parents, amis, et mes ennemis même
  Dans le mal triomphants,
De jamais voir, Seigneur, l'été sans fleurs vermeilles,
La cage sans oiseaux, la ruche sans abeilles,
  La maison sans enfants!
                                    VICTOR HUGO.

15

LA BATAILLE

LÀ-BAS vers l'horizon du frais pays herbeux
Où la rivière, lente et comme désœuvrée,
Laisse boire à son gré de longs troupeaux de bœufs,
Une grande bataille autrefois fut livrée.

C'était, comme aujourd'hui, par un ciel de printemps;
Dans ce jour désastreux, plus d'une fleur sauvage,
Qui s'épanouissait, flétrie en peu d'instants,
Noya tous ses parfums dans le sang du rivage.

La bataille dura de l'aube jusqu'au soir;
Et, surpris dans leur vol, de riches scarabées,
De larges papillons jaunes striés de noir
Se traînèrent mourants parmi les fleurs tombées.

La rivière était rouge: elle roulait du sang.
Le bleu martin-pêcheur en souilla son plumage;
Et le saule penché, le bouleau frémissant,
Essayèrent en vain d'y trouver leur image.

Le bief du Moulin Neuf en resta noir longtemps.
Le sol fut piétiné, des ornières creusées,
Et l'on vit des bourbiers sinistres miroitants
Où les troupes s'étaient hardiment écrasées.

Et lorsque la bataille eut apaisé son bruit,
La lune, qui montait derrière les collines,
Contempla tristement, vers l'heure de minuit,
Ce que l'œuvre d'un jour peut faire de ruines.

Pris du même sommeil, là gisaient par milliers,
Sur les canons éteints, les bannières froissées,
Épars confusément, chevaux et cavaliers
Dont les yeux grands ouverts n'avaient plus de pensées.

On enterra les morts au hasard . . . et depuis,
Les étoiles du ciel, ces paisibles veilleuses,
Sur les champs du combat passèrent bien des nuits,
Baignant les gazons verts de leurs clartés pieuses ;

Et les petits bergers, durant bien des saisons,
En côtoyant la plaine où sommeillaient les braves,
Dans leur gosier d'oiseau retenant leurs chansons,
Suivirent tout songeurs les grands bœufs aux pas graves.

ANDRÉ LEMOYNE.

16

LA LIBELLULE

Sur la bruyère arrosée
  De rosée,
Sur le buisson d'églantier,
Sur les ombreuses futaies,
  Sur les baies
Croissant au bord du sentier ;

Sur la modeste et petite
    Marguerite
Qui penche son front rêvant ;
Sur le seigle, verte houle
    Que déroule
Le caprice ailé du vent ;

Sur les prés, sur la colline,
    Qui s'incline
Vers le champ bariolé
De pittoresques guirlandes ;
    Sur les landes,
Sur le grand orme isolé,

La demoiselle se berce ;
    Et, s'il perce
Dans la brume, au bord du ciel
Un rayon d'or qui scintille,
    Elle brille
Comme un regard d'Ariel.

Traversant, près des charmilles,
    Les familles
Des bourdonnants moucherons,
Elle se mêle à leur ronde
    Vagabonde,
Et comme eux décrit des ronds.

Bientôt elle vole et joue
    Sur la roue
Du jet d'eau qui, s'élançant
Dans les airs, retombe, roule
    Et s'écoule
En un ruisseau bruissant.

Plus rapide que la brise,
  Elle frise,
Dans son vol capricieux,
L'eau transparente où se mire
  Et s'admire
Le saule au front soucieux.

Et quand la grise hirondelle
  Auprès d'elle
Passe et ride, à plis d'azur,
Dans sa chasse circulaire,
  L'onde claire,
Elle s'enfuit d'un vol sûr.

Bois qui chantent, fraîches plaines
  D'odeurs pleines,
Lacs de moire, coteaux bleus,
Ciel où le nuage passe,
  Large espace,
Monts aux rochers anguleux ;

Voilà l'immense domaine
  Où promène
Ses caprices, fleurs des airs,
La demoiselle nacrée,
  Diaprée
De reflets roses et verts.

THÉOPHILE GAUTIER.

17

LE SOMMEIL DE BÉBÉ

Dans l'alcôve sombre,
Près d'un humble autel,
L'enfant dort à l'ombre
Du lit maternel :
Tandis qu'il repose,
Sa paupière rose,
Pour la terre close,
S'ouvre pour le ciel.

Il fait bien des rêves.
Il voit par moments
Le sable des grèves
Plein de diamants,
Des soleils de flammes,
Et de belles dames
Qui portent des âmes
Dans leurs bras charmants.

Songe qui l'enchante !
Il voit des ruisseaux ;
Une voix qui chante
Sort du fond des eaux :
Ses sœurs sont plus belles ;
Son père est près d'elles ;
Sa mère a des ailes
Comme les oiseaux.

Il voit mille choses
Plus belles encor ;
Des lis et des roses
Plein le corridor ;

Des lacs de délice
Où le poisson glisse,
Où l'onde se plisse
A des roseaux d'or !

Enfant, rêve encore !
Dors, ô mes amours !
Ta jeune âme ignore
Où s'en vont tes jours :
Comme une algue morte,
Tu vas, que t'importe ?
Le courant t'emporte,
Mais tu dors toujours !

Sans soin, sans étude,
Tu dors en chemin ;
Et l'inquiétude
A la froide main,
De son ongle aride,
Sur ton front candide
Qui n'a point de ride,
N'écrit pas : « Demain ! »

Il dort, innocence !
Les anges sereins
Qui savent d'avance
Le sort des humains,
Le voyant sans armes,
Sans peur, sans alarmes,
Baisent avec larmes
Ses petites mains.

Leurs lèvres effleurent
Ses lèvres de miel ;
L'enfant voit qu'ils pleurent
Et dit : « Gabriel ! »

Mais l'ange le touche,
Et, berçant sa couche,
Un doigt sur sa bouche,
Lève l'autre au ciel !

Cependant sa mère,
Prompte à le bercer,
Croit qu'une chimère
Le vient oppresser ;
Fière, elle l'admire,
L'entend qui soupire,
Et le fait sourire
Avec un baiser.

Victor Hugo.

18

LA MORT D'UN BOUVREUIL

Ces premiers souvenirs de bonheur ou de peine,
Par instant on les perd, mais un rien les ramène.
Le fusil d'un chasseur, un coup parti du bois,
Viennent de réveiller mes remords d'autrefois :
L'aube sur l'herbe tendre avait semé ses perles,
Et je courais les prés à la piste des merles,
Écolier en vacance ; et l'air frais du matin,
L'espoir de rapporter un glorieux butin,
Ce bonheur d'être loin des livres et des thèmes,
Enivraient mes quinze ans tout enivrés d'eux-mêmes.
Tel j'allais par les prés. Or, un joyeux bouvreuil,
Son poitrail rouge au vent, son bec ouvert, et l'œil
En feu, jetait au ciel sa chanson matinale,
Hélas ! qu'interrompit soudain l'arme brutale.

Quand le plomb l'atteignit tout sautillant et vif,
De son gosier saignant un petit cri plaintif
Sortit, quelque duvet vola de sa poitrine ;
Puis, fermant ses yeux clairs, quittant la branche fine,
Dans les joncs et les buis de son meurtre souillés,
Lui, si content de vivre, il mourut à mes pieds !
Ah ! d'un bon mouvement qui passe sur notre âme
Pourquoi rougir ? la honte est un railleur qui blâme.
Oui, sur ce chanteur mort pour mon plaisir d'enfant,
Mon cœur, à moi chanteur, s'attendrit bien souvent.
Frère ailé, sur ton corps je versai quelques larmes.
Pensif et m'accusant, je déposai mes armes.
Ton sang n'est point perdu. Nul ne m'a vu depuis
Rougir l'herbe des prés, et profaner les buis.
J'eus pitié des oiseaux, et j'ai pitié des hommes.
Pauvret, tu m'as fait doux au dur siècle où nous sommes.

BRIZEUX.

19

MARINE

Sombre Océan, du haut de tes falaises
Que j'aime à voir les barques du pêcheur !
Et de tes vents, sous l'ombre des mélèzes,
A respirer la lointaine fraîcheur !
Je veux ce soir, visitant tes rivages,
Y promener mes rêves les plus chers.
J'aime, de toi, jusques à tes ravages ;
Mon cœur souffrant s'apaise au bruit des mers
Sombre Océan, j'aime tes cris sauvages,
J'aime à rêver près de tes flots amers !

Sombre Océan, j'épuiserais ma vie
A voir s'enfler tes vagues en fureur ;
Mon corps frissonne et mon âme est ravie :
Tu sais donner un charme à la terreur.
Depuis le jour où cette mer profonde
M'apparut noire aux lueurs des éclairs,
Nos lacs si bleus, la langueur de leur onde,
N'inspirent plus mes amours ni mes vers.
Sombre Océan, vaste moitié du monde,
J'aime à chanter près de tes flots amers !

Sombre Océan, parfois ton front s'égaie,
Épanoui sous l'astre de Vénus ;
Et mollement ta forte voix bégaie
Des mots sacrés à la terre inconnus.
Et puis, ton flux s'élance, roule et saute,
Comme un galop de coursiers aux crins verts,
Et se retire, en déchirant la côte
D'un bruit semblable au rire des enfers . . .
Sombre Océan, superbe et terrible hôte,
J'aime à frémir près de tes flots amers !

Sombre Océan, soit quand tes eaux bondissent,
Soit quand tu dors comme un champ moissonné,
De ta grandeur nos pensers s'agrandissent,
L'infini parle à notre esprit borné.
Qui, devant toi, quel athée en démence,
Nierait tout haut le Dieu de l'univers ?
Oui, l'Éternel s'explique par l'immense :
Dans ton miroir j'ai vu les cieux ouverts . . .
Sombre Océan, par qui ma foi commence,
J'aime à prier près de tes flots amers !

ÉMILE DESCHAMPS.

20
L'ENVERS DU CIEL

« Pourquoi, dit un enfant, ne vois-je pas reluire
Au ciel les ailes d'or des anges radieux ? »
Sa mère répondit avec un doux sourire :
« Mon fils, ce que tu vois n'est que l'envers des cieux. »
Et l'enfant s'écria, levant son œil candide
Vers les lambris divins du palais éternel :
« Puisque l'envers des cieux, ô mère, est si limpide,
Comme il doit être beau l'autre côté du ciel ! »

Sur le vaste horizon, quand la nuit fut venue,
A l'heure où tout chagrin dans un rêve s'endort,
Le regard de l'enfant s'élança vers la nue,
Il contempla l'azur semé de perles d'or ;
Les étoiles au ciel formaient une couronne,
Et l'enfant murmurait près du sein maternel :
« Puisque l'envers du ciel si doucement rayonne,
Oh ! que je voudrais voir l'autre côté du ciel ! »

L'angélique désir de cette âme enfantine
Monta comme un encens au céleste séjour,
Et lorsque le soleil vint dorer la colline,
L'enfant n'était plus là pour admirer le jour.
Près d'un berceau pleurait une femme en prière,
Car son fils avait fui vers le monde immortel,
Et de l'envers des cieux franchissant la barrière,
Il était allé voir l'autre côte du ciel.

Alfred Besse.

21

LE PSAUME DE LA VIE

(Imité de Longfellow)

Ah ! ne me dites pas que la vie est un rêve,
Une ombre qui s'enfuit et flotte sous mes pas.
C'est le temps de la lutte, et si rien ne s'achève,
L'éternel avenir a son germe ici-bas.

La vie est un combat, la vie est une arène
Où le devoir grandit du triomphe obtenu ;
C'est le sentier qui monte, et pas à pas nous mène
Aux sommets d'où la vue embrasse l'inconnu.

Ame, souffle divin, captive frémissante,
Toi, dont l'aile meurtrie usera ta prison,
Celui qui t'a créée, immortelle et vivante,
Te fit libre et t'ouvrit un immense horizon.

Pour l'homme, né de Dieu, rayon de sa pensée,
Le repos, c'est l'oubli ; le sommeil, c'est la mort ;
Souviens-toi, fils du ciel, qu'immobile et glacée,
La mort est un passage, elle n'est pas un port.

Que ton pied sur le sol laisse une noble empreinte,
Et peut-être, suivant les sentiers après toi,
Quelque esprit agité par le doute et la crainte
Retrouvera l'espoir, le courage et la foi.

Marche et que chaque jour te trouve à son aurore
Plus près du but sacré, le flambeau dans la main ;
Agis, le temps est court, il se hâte et dévore
Ce qui n'est pas réel, immortel et divin.

Que jamais le regret, la crainte ou l'espérance,
La joie ou la douleur ne retardent tes pas.
N'entends-tu pas ton cœur qui bat dans le silence ?
Marche, il n'est rien pour lui d'assez grand ici-bas.

Laisse au vague avenir ses lointaines promesses,
Au stérile passé son sourire d'adieu ;
Bannis les rêves d'or et les molles tristesses,
Le présent est à toi, mais le reste est à Dieu.

A Dieu, ce passé mort qu'il efface et pardonne,
A Dieu, cet avenir que lui seul a scruté.
A nous l'heure qui fuit aussitôt qu'elle sonne,
   Et qui contient l'éternité.

MME. DE PRESSENSÉ.

22

LES NAUFRAGÉS

OH ! combien de marins, combien de capitaines,
Qui sont partis joyeux pour des courses lointaines
Dans ce morne horizon se sont évanouis !
Combien ont disparu, dure et triste fortune !
Dans une mer sans fond, par une nuit sans lune,
Sous l'aveugle océan à jamais enfouis.

Combien de patrons morts avec leurs équipages !
L'ouragan de leur vie a pris toutes les pages,
Et d'un souffle il a tout dispersé sur les flots !
Nul ne saura leur fin dans l'abîme plongée.
Chaque vague en passant d'un butin s'est chargée ;
L'une a saisi l'esquif, l'autre les matelots.

Nul ne sait votre sort, pauvres têtes perdues !
Vous roulez à travers les sombres étendues,
Heurtant de vos fronts morts des écueils inconnus.
Oh ! que de vieux parents, qui n'avaient plus qu'un rêve,
Sont morts en attendant tous les jours sur la grève
    Ceux qui ne sont pas revenus !
On demande : « Où sont-ils ? sont-ils rois dans quelque île ?
Nous ont-ils délaissés pour un bord plus fertile ? »
Puis votre souvenir même est enseveli.
Le corps se perd dans l'eau, le nom dans la mémoire ;
Le temps, qui sur toute ombre en verse une plus noire,
Sur le sombre océan jette le sombre oubli.

Bientôt des yeux de tous votre ombre est disparue.
L'un n'a-t-il pas sa barque et l'autre sa charrue ?
Seules, durant ces nuits où l'orage est vainqueur,
Vos veuves aux fronts blancs, lasses de vous attendre,
Parlent encor de vous en remuant la cendre
    De leur foyer et de leur cœur.

Et, quand la tombe enfin a fermé leur paupière,
Rien ne sait plus vos noms, pas même une humble pierre
Dans l'étroit cimetière où l'écho nous répond,
Pas même un saule vert qui s'effeuille à l'automne,
Pas même la chanson naïve et monotone
Que chante un mendiant à l'angle d'un vieux pont . . .

Où sont-ils les marins sombrés dans les nuits noires ?
O flots ! que vous savez de lugubres histoires,
Flots profonds, redoutés des mères à genoux !
Vous vous les racontez en montant les marées,
Et c'est ce qui vous fait ces voix désespérées
Que vous avez le soir quand vous venez vers nous.

VICTOR HUGO.

23

A LA FRANCE

France ! ô belle contrée, ô terre généreuse,
Que les dieux complaisants formaient pour être heureuse,
Tu ne sens point du Nord les glaçantes horreurs ;
Le Midi de ses feux t'épargne les fureurs ;
Tes arbres innocents n'ont point d'ombres mortelles ;
Ni des poisons épars dans tes herbes nouvelles
Ne trompent une main crédule ; ni tes bois
Des tigres frémissants ne redoutent la voix ;
Ni les vastes serpents ne traînent sur tes plantes,
En longs cercles hideux, leurs écailles sonnantes ;
Les chênes, les sapins et les ormes épais
En utiles rameaux ombragent tes sommets ;
Et de Beaune et d'Aï les rives fortunées,
Et la riche Aquitaine, et les hauts Pyrénées
Sous leurs bruyants pressoirs font couler en ruisseaux
Des vins délicieux mûris sur leurs coteaux.
La Provence odorante, et de Zéphyre aimée,
Respire sur les mers une haleine embaumée,
Au bord des flots couvrant, délicieux trésor,
L'orange et le citron de leur tunique d'or,
Et plus loin, au penchant des collines pierreuses,
Forme la grasse olive aux liqueurs savoureuses,
Et ces réseaux légers, diaphanes habits,
Où la fraîche grenade enferme ses rubis.
Sur tes rochers touffus la chèvre se hérisse ;
Tes prés enflent de lait la féconde génisse,
Et tu vois tes brebis, sur le jeune gazon,
Épaissir le tissu de leur blanche toison.

Dans les fertiles champs voisins de la Touraine,
Dans ceux où l'Océan boit l'urne de la Seine,
S'élèvent pour le frein des coursiers belliqueux.
Ajoutez cet amas de fleuves tortueux :
L'indomptable Garonne aux vagues insensées,
Le Rhône impétueux, fils des Alpes glacées,
La Seine au flot royal, la Loire dans son sein
Incertaine, et la Saône, et mille autres enfin
Qui nourrissent partout, sur tes nobles rivages,
Fleurs, moissons et vergers, et bois, et pâturages,
Rampent au pied des murs d'opulentes cités
Sous les arches de pierre à grand bruit emportés.

ANDRÉ CHÉNIER.

24

LA CONSCIENCE

LORSQUE avec ses enfants vêtus de peaux de bêtes,
Échevelé, livide au milieu des tempêtes,
Caïn se fut enfui de devant Jéhovah,
Comme le soir tombait, l'homme sombre arriva
Au bas d'une montagne en une grande plaine ;
Sa femme fatiguée et ses fils hors d'haleine
Lui dirent : « Couchons-nous sur la terre, et dormons. »
Caïn, ne dormant pas, songeait au pied des monts.
Ayant levé la tête, au fond des cieux funèbres
Il vit un œil, tout grand ouvert dans les ténèbres
Et qui le regardait dans l'ombre fixement.
« Je suis trop près, » dit-il avec un tremblement.
Il réveilla ses fils dormant, sa femme lasse,
Et se remit à fuir sinistre dans l'espace.
Il marcha trente jours, il marcha trente nuits.
Il allait, muet, pâle et frémissant aux bruits,

Furtif, sans regarder derrière lui, sans trêve,
Sans repos, sans sommeil ; il atteignit la grève
Des mers dans le pays qui fut depuis Assur.
« Arrêtons-nous, dit-il, car cet asile est sûr.
Restons-y. Nous avons du monde atteint les bornes. »
Et comme il s'asseyait, il vit dans les cieux mornes
L'œil à la même place au fond de l'horizon.
Alors il tressaillit en proie au noir frisson.
« Cachez-moi ! » cria-t-il ; et, le doigt sur la bouche,
Tous ses fils regardaient trembler l'aïeul farouche.
Caïn dit à Jabel, père de ceux qui vont
Sous des tentes de poil dans le désert profond :
« Étends de ce côté la toile de la tente. »
Et l'on développa la muraille flottante ;
Et, quand on l'eut fixée avec des poids de plomb :
« Vous ne voyez plus rien ? » dit Tsilla, l'enfant blond,
La fille de ses fils, douce comme l'aurore ;
Et Caïn répondit : « Je vois cet œil encore ! »
Jubal, père de ceux qui passent dans les bourgs
Soufflant dans des clairons et frappant des tambours.
Cria : « Je saurai bien construire une barrière. »
Il fit un mur de bronze et mit Caïn derrière.
Et Caïn dit : « Cet œil me regarde toujours ! »
Hénocq dit : « Il faut faire une enceinte de tours
Si terrible, que rien ne puisse approcher d'elle.
Bâtissons une ville avec sa citadelle,
Bâtissons une ville, et nous la fermerons. »
Alors Tubalcaïn, père des forgerons,
Construisit une ville énorme et surhumaine.
Pendant qu'il travaillait, ses frères, dans la plaine,
Chassaient les fils d'Énos et les enfants de Seth :
Et l'on crevait les yeux à quiconque passait ;
Et, le soir, on lançait des flèches aux étoiles.
Le granit remplaça la tente aux murs de toiles,

On lia chaque bloc avec des nœuds de fer,
Et la ville semblait une ville d'enfer ;
L'ombre des tours faisait la nuit dans les campagnes ;
Ils donnèrent aux murs l'épaisseur des montagnes ;
Sur la porte on grava : « Défense à Dieu d'entrer. »
Quand ils eurent fini de clore et de murer,
On mit l'aïeul au centre en une tour de pierre,
Et lui restait lugubre et hagard. « O mon père ;
L'œil a-t-il disparu ? » dit en tremblant Tsilla.
Et Caïn répondit : « Non, il est toujours là. »
Alors il dit : « Je veux habiter sous la terre
Comme dans son sépulcre un homme solitaire ;
Rien ne me verra plus, je ne verrai plus rien. »
On fit donc une fosse, et Caïn dit : « C'est bien ! »
Puis il descendit seul sous cette voûte sombre ;
Quand il se fut assis sur sa chaise dans l'ombre
Et qu'on eut sur son front fermé le souterrain,
L'œil était dans la tombe et regardait Caïn.

VICTOR HUGO.

25

LA FRÉGATE « LA SÉRIEUSE »

Il faisait beau.—La mer, de sable environnée,
Brillait comme un bassin d'argent entouré d'or ;
Un vaste soleil rouge annonça la journée
    Du quinze thermidor.

La Sérieuse alors s'ébranla sur sa quille ;
Quand venait un combat, c'était toujours ainsi.
Je la reconnus bien, et je lui dis : « Ma fille,
    Je te comprends, merci. »

J'avais une lunette exercée aux étoiles :
Je la pris et la tins ferme sur l'horizon.
—Une, deux, trois,—je vis treize et quatorze voiles :
    Enfin, c'était Nelson !

Il courait contre nous en avant de la brise ;
La Sérieuse, à l'ancre immobile s'offrant,
Reçut le rude abord sans en être surprise,
    Comme un roc un torrent.

Tous passèrent près d'elle en lâchant leur bordée ;
Fière, elle répondit aussi quatorze fois ;
Et par tous les vaisseaux elle fut débordée,
    Mais il en resta trois.

N'importe ! elle bondit, dans son repos troublée,
Elle tourna trois fois jetant vingt-quatre éclairs,
Et rendit tous les coups dont elle était criblée,
    Feux pour feux, fers pour fers.

Ses boulets enchaînés fauchaient des mâts énormes,
Faisaient voler le sang, la poudre et le goudron,
S'enfonçaient dans le bois, comme au cœur des grands
    ormes
    Le coin du bûcheron.

Un brouillard de fumée où la flamme étincelle
L'entourait ; mais le corps brûlé, noir, écharpé,
Elle tournait, roulait, et se tordait sous elle,
    Comme un serpent coupé.

Le soleil s'éclipsa dans l'air plein de bitume,
Le jour entier passa dans le feu, dans le bruit ;
Et, lorsque la nuit vint, sous cette ardente brume,
    On ne vit pas la nuit.

Nous étions enfermés comme dans un orage :
Des deux flottes au loin le canon s'y mêlait ;
On tirait en aveugle à travers le nuage :
    Toute la mer brûlait.

Mais quand le jour revint, chacun connut son œuvre.
Les trois vaisseaux flottaient démâtés et si las,
Qu'ils n'avaient plus de force assez pour la manœuvre ;
    Mais ma frégate, hélas !

Elle ne voulait plus obéir à son maître ;
Mutilée, impuissante, elle allait au hasard,
Sans gouvernail, sans mât ; on n'eût pu reconnaître
    La merveille de l'art !

Engloutie à demi, son large pont à peine,
S'affaissant par degrés, se montrait sur les flots,
Et là ne restaient plus, avec moi, capitaine,
    Que douze matelots.

Je les fis mettre en mer à bord d'une chaloupe,
Hors de notre eau tournante et de son tourbillon ;
Et je revins tout seul me coucher sur la poupe
    Au pied du pavillon.

La Sérieuse alors semblait à l'agonie,
L'eau dans ses cavités bouillonnait sourdement ;
Elle, comme voyant sa carrière finie,
    Gémit profondément.

Je me sentis pleurer, et ce fut un prodige,
Un mouvement honteux ; mais bientôt l'étouffant :
« Nous nous sommes conduits comme il fallait, lui dis-je ;
    Adieu donc, mon enfant. »

Elle plongea d'abord sa poupe et puis sa proue ;
Mon pavillon noyé se montrait en dessous ;
Puis elle s'enfonça tournant comme une roue,
Et la mer vint sur nous.
A. DE VIGNY.

26
L'AME DU VIN

Un soir, l'âme du vin chantait dans les bouteilles :
« Homme, vers toi je pousse, ô cher déshérité,
Sous ma prison de verre et mes cires vermeilles,
Un chant plein de lumière et de fraternité !

Je sais combien il faut, sur la colline en flamme,
De peine, de sueur et de soleil cuisant
Pour engendrer ma vie et pour me donner l'âme ;
Mais je ne serai point ingrat ni malfaisant,

Car j'éprouve une joie immense quand je tombe
Dans le gosier d'un homme usé par ses travaux,
Et sa chaude poitrine est une douce tombe
Où je me plais bien mieux que dans mes froids caveaux.

Entends-tu retentir les refrains des dimanches,
Et l'espoir qui gazouille en mon sein palpitant ?
Les coudes sur la table et retroussant tes manches,
Tu me glorifieras et tu seras content ;

J'allumerai les yeux de ta femme ravie ;
A ton fils je rendrai sa force et ses couleurs,
Et serai, pour ce frêle athlète de la vie,
L'huile qui raffermit les muscles des lutteurs.

En toi je tomberai, végétable ambroisie,
Grain précieux jeté par l'éternel Semeur,
Pour que de notre amour naisse la poésie
Qui jaillira vers Dieu comme une rare fleur ! »

Ch. Baudelaire.

27

SOUVENIR

Un jour que nous étions assis au pont Kerlo
Laissant pendre, en riant, nos pieds au fil de l'eau,
Joyeux de la troubler, ou bien, à son passage,
D'arrêter un rameau, quelque flottant herbage,
Ou sous les saules verts d'effrayer le poisson
Qui venait au soleil dormir près du gazon ;
Seuls en ce lieu sauvage, et nul bruit, nulle haleine
N'éveillant la vallée immobile et sereine,
Hors nos ris enfantins, et l'écho de nos voix
Qui partait par volée et courait dans les bois,
Car entre deux forêts la rivière encaissée
Coulait jusqu'à la mer, lente, claire et glacée ;
Seuls, dis-je, en ce désert, riant, causant d'amour,
Sous l'arche du vieux pont nous passâmes le jour.
C'était plaisir de voir, sous l'eau limpide et bleue,
Mille petits poissons faisant frémir leur queue,
Se mordre, se poursuivre, ou, par bandes nageant,
Ouvrir et refermer leurs nageoires d'argent ;
Puis les saumons bruyants, et, sous son lit de pierre,
L'anguille qui se cache au bord de la rivière ;
Des insectes sans nombre, ailés et transparents,
Occupés tout le jour à monter les courants,

Phalènes, moucherons, alertes demoiselles,
Se sauvant sous les joncs du bec des hirondelles.—
Sur la main de Marie une vint se poser,
Si bizarre d'aspect qu'afin de l'écraser
J'accourus ; mais déjà ma jeune paysanne
Par l'aile avait saisi la mouche diaphane ;
En voyant la pauvrette en ses doigts remuer :
« Elle n'a que sa vie, oh ! pourquoi la tuer ? »
Dit-elle. Et dans les airs sa bouche ronde et pure
Légèrement souffla la frêle créature,
Qui, soudain déployant ses deux ailes de feu,
Partit, et s'éleva joyeuse et louant Dieu.

. . . .

Bien des jours ont passé depuis cette journée,
Hélas ! et bien des ans ! dans ma quinzième année,
Enfant, j'entrais alors ; mais les jours et les ans
Ont passé sans ternir ces souvenirs d'enfants,
Et d'autres jours viendront et des amours nouvelles,
Et mes jeunes amours, mes amours les plus belles,
Dans l'ombre de mon cœur, mes plus fraîches amours,
Mes amours de quinze ans refleuriront toujours.

BRIZEUX.

28

LES MINEURS DE NEWCASTLE

QUE d'autres sur les monts boivent à gorge pleine
Des vents impétueux la bienfaisante haleine,
Et s'inondent le front d'un air suave et pur ;
Que d'autres, emportés par des voiles légères,
Passent comme les vents sur les ondes amères,
Et sillonnent sans fin leur magnifique azur ;

Que d'autres, chaque jour, emplissent leur paupière
Des rayons colorés de la chaude lumière,
Et contemplent le ciel dans ses feux les plus beaux ;
Que d'autres, près d'un toit festonné de verdure,
Travaillent tout le jour au sein de la nature,
Et s'endorment le soir au doux chant des oiseaux :

Ils ont reçu du ciel un regard favorable.
Ils sont nés, ces mortels, sous une étoile aimable
Et sous le signe heureux d'un mois splendide et chaud,
Et la main du Seigneur, qui sur terre dispense
La peine et le plaisir, la mort et l'existence,
Leur a fait large part et donné le bon lot.

Quant à nous, prisonniers comme de vils esclaves,
Nous sommes pour la vie enfermés dans des caves,
Non pour avoir des lois souillé la majesté,
Mais parce que, du jour où nous vînmes au monde,
La misère au cœur dur, notre nourrice immonde,
Nous marqua pour la peine et pour l'obscurité.

Nous sommes les mineurs de la riche Angleterre ;
Nous vivons, comme taupe, à six cents pieds sous terre,
Et là, le fer en main, tristement nous fouillons,
Nous arrachons la houille à la terre fangeuse :
La nuit couvre nos reins de sa mante brumeuse,
Et la mort, vieux hibou, vole autour de nos fronts.

Malheur à l'apprenti qui, dans un jour d'ivresse,
Pose un pied chancelant sur la pierre traîtresse !
Au plus creux de l'abîme il roule pour toujours.
Malheur au pauvre vieux dont la jambe est inerte,
Lorsque l'onde, en courroux de se voir découverte,
Envahit tout le gouffre ! Il périt sans secours.

Malheur à l'imprudent, malheur au téméraire
Qui descend sans avoir la lampe salutaire
Qu'un ami des humains fit pour le noir mineur !
Car le mauvais esprit qui dans l'ombre le guette,
La bleuâtre vapeur, sur lui soudain se jette,
Et l'étend sur le sol, sans pouls et sans chaleur.

Malheur, malheur à tous ! car même sans reproche,
Lorsque chacun de nous fait sa tâche, une roche
Se détache souvent au bruit seul du marteau ;
Et plus d'un qui rêvait dans le fond de son âme
Aux cheveux blonds d'un fils, à l'œil bleu de sa femme
Trouve au ventre du gouffre un éternel tombeau.

Et cependant c'est nous, pauvres ombres muettes,
Qui faisons circuler au-dessus de nos têtes
Le mouvement humain avec tant de fracas :
C'est avec le trésor qu'au risque de la vie
Nous tirons de la terre, ô puissante Industrie !
Que nous mettons en jeu tes gigantesques bras.

C'est la houille qui fait bouillonner les chaudières,
Rugir les hauts fourneaux tout chargés de matières,
Et rouler sur le fer l'impétueux wagon ;
C'est la houille qui fait par tous les coins du monde,
Sur le sein écumant de la vague profonde,
Bondir en souverains les vaisseaux d'Albion.

O Dieu ! Dieu tout-puissant ! pour les plus justes causes
Nous ne demandons pas le tumulte des choses
Et le renversement de l'ordre d'ici-bas ;
Nous ne te prions pas de nous mettre à la place
Des hommes de savoir et des hommes de race,
Et de remplir nos mains de l'or des potentats ;

Ce dont nous te prions, enfants de la misère,
C'est d'amollir le cœur des puissants de la terre,
Et d'en faire pour nous un plus solide appui ;
C'est de leur rappeler sans cesse, par exemple,
Qu'en laissant dépérir les fondements du temple,
Le monument s'écroule, et tout tombe avec lui.
AUGUSTE BARBIER.

29

MON CHIEN

O MON chien ! Dieu seul sait la distance entre nous ;
Seul il sait quel degré de l'échelle de l'être
Sépare ton instinct de l'âme de ton maître ;
Mais seul il sait aussi par quel secret rapport
Tu vis de son regard et tu meurs de sa mort,
Et par quelle pitié pour nos cœurs il te donne,
Pour aimer encor ceux que n'aime plus personne.
Aussi, pauvre animal, quoique à terre couché,
Jamais d'un sot dédain mon pied ne t'a touché ;
Jamais, d'un mot brutal contristant ta tendresse,
Mon cœur n'a repoussé ta touchante caresse.
Mais toujours, ah ! toujours en toi j'ai respecté
De ton maître et du mien l'ineffable bonté,
Comme on doit respecter sa moindre créature,
Frère à quelque degré qu'ait voulu la nature.
Ah ! mon pauvre Fido, quand, tes yeux sur les miens,
Le silence comprend nos muets entretiens ;
Quand, au bord de mon lit épiant si je veille,
Un seul souffle inégal de mon sein te réveille ;
Que, lisant ma tristesse en mes yeux obscurcis,
Dans les plis de mon front tu cherches mes soucis,

Et que, pour la distraire attirant ma pensée,
Tu mords plus tendrement ma main vers toi baissée ;
Que, comme un clair miroir, ma joie ou mon chagrin
Rend ton œil fraternel inquiet ou serein ;
Que l'âme en toi se lève avec tant d'évidence,
Et que l'amour dépasse encor l'intelligence ;
Non, tu n'es pas du cœur la vaine illusion,
Du sentiment humain une dérision,
Un corps organisé qu'anime une caresse,
Automate trompeur de vie et de tendresse !
Non ! quand ce sentiment s'éteindra dans tes yeux,
Il se ranimera dans je ne sais quels cieux.
De ce qui s'aima tant la tendre sympathie,
Homme ou plante, jamais ne meurt anéantie :
Dieu la brise un instant, mais pour la réunir ;
Son sein est assez grand pour nous tous contenir.
Oui, nous nous aimerons comme nous nous aimâmes.
Qu'importe à ses regards des instincts ou des âmes ?
Partout où l'amitié consacre un cœur aimant,
Partout où la nature allume un sentiment,
Dieu n'éteindra pas plus sa divine étincelle
Dans l'étoile des nuits dont la splendeur ruisselle
Que dans l'humble regard de ce tendre épagneul
Qui conduisait l'aveugle et meurt sur son cercueil.
Oh ! viens, dernier ami que mon pas réjouisse,
Ne crains pas que de toi devant Dieu je rougisse ;
Lèche mes yeux mouillés, mets ton cœur près du mien,
Et seuls à nous aimer, aimons-nous, pauvre chien !

LAMARTINE.

30

LES TROIS JOURS DE CHRISTOPHE COLOMB

« En Europe ! en Europe !—Espérez !—Plus d'espoir !
—Trois jours, leur dit Colomb, et je vous donne un
 monde. »
Et son doigt le montrait, et son œil, pour le voir,
Perçait de l'horizon l'immensité profonde.
Il marche, et des trois jours le premier jour a lui ;
Il marche, et l'horizon recule devant lui ;
Il marche, et le jour baisse. Avec l'azur de l'onde
L'azur d'un ciel sans borne à ses yeux se confond.
Il marche, il marche encore, et toujours ; et la sonde
Plonge et replonge en vain dans une mer sans fond.
Le pilote, en silence, appuyé tristement
Sur la barre qui crie au milieu des ténèbres,
Écoute du roulis le sourd mugissement
Et des mâts fatigués les craquements funèbres.
Les astres de l'Europe ont disparu des cieux ;
L'ardente Croix du Sud épouvante ses yeux.
Enfin l'aube attendue, et trop lente à paraître,
Blanchit le pavillon de sa douce clarté :
« Colomb ! voici le jour ! le jour vient de renaître !
« Le jour ! et que vois-tu ?—Je vois l'immensité. »

Le second jour a fui. Que fait Colomb ? Il dort ;
La fatigue l'accable, et dans l'ombre on conspire.
« Périra-t-il ? Aux voix !—La mort !—la mort !—la mort !
« Qu'il triomphe demain, ou, parjure, il expire. »
Les ingrats ! Quoi ! demain il aura pour tombeau
Les mers où son audace ouvre un chemin nouveau !

Et peut-être demain leurs flots impitoyables,
Le poussant vers ces bords que cherchait son regard,
Les lui feront toucher, en roulant sur les sables
L'aventurier Colomb, grand homme un jour plus tard !
Soudain du haut des mâts descendit une voix.
« Terre ! s'écriait-on, terre, terre ! . . . » Il s'éveille :
Il court : oui, la voilà, c'est elle, tu la vois.
La terre ! . . . O doux spectacle ! ô transports ! ô merveille !
O généreux sanglots qu'il ne peut retenir !
Que dira Ferdinand, l'Europe, l'avenir ?
Il la donne à son roi, cette terre féconde ;
Son roi va le payer des maux qu'il a soufferts :
Des trésors, des honneurs en échange d'un monde,
Un trône, ah ! c'était peu . . . Que reçut-il ? des fers !
CASIMIR DELAVIGNE.

31

EXCELSIOR

(Imité de Longfellow)

DÉJÀ la nuit couvrait et la montagne altière,
Et la sombre forêt et le riant coteau ;
Un jeune homme passait, au front triste mais beau ;
Et l'on voyait briller sur sa blanche bannière
Cette étrange devise, écrite en lettres d'or :
« Excelsior ! Excelsoir ! »

Il passait à travers un paisible village
Qui dormait, gracieux, dans l'ombre du vallon ;
Et de sa foi l'écho portait au loin le son.
Tandis qu'un feu divin éclairant son visage,
Il s'écriait bien haut et répétait encor :
« Excelsior ! Excelsior ! »

Il vit dans les maisons scintiller la lumière
Du feu joyeux et vif qui brillait au foyer . . .
Puis, portant son regard sur l'immense glacier,
Bien loin du toit aimé de l'heureuse chaumière,
Il redit d'une voix plus énergique encor :
    « Excelsior ! Excelsior ! »

—Ne t'aventure pas sur la cime éclatante !
Lui dit un bon vieillard. Le torrent est profond !
Le précipice est là ! nul n'en connaît le fond . . .
Descends ! au loin j'entends une voix menaçante . . .
—Mais lui montait plus haut et répétait encor :
    « Excelsior ! Excelsior ! »

—Oh ! dit la jeune fille, arrête-toi ! je t'aime . . .
Reste et viens sur mon cœur poser ton front brûlant !
—Il sourit . . . contempla ce visage charmant . . .
Puis, s'élançant soudain par un effort suprême,
Avec un long soupir il répondit encor :
    « Excelsior ! Excelsior ! »

—Qui monte dans la nuit vers les cimes sauvages ? . . .
Dit un pâtre en faisant le signe de la croix.
—Mais nul ne répondit à sa tremblante voix.
Plus tard il entendit, au milieu de l'orage,
Ces mots qu'un faible écho semblait redire encor :
    « Excelsior ! Excelsior ! »

Et quand du Saint-Bernard la petite chapelle
Avec l'aube s'ouvrit pour les moines pieux,
Il leur sembla qu'un cri triste et mystérieux
Vibrait en ébranlant la voûte solennelle ;
C'était la même voix qui redisait encor :
    « Excelsior ! . . . Excelsior ! . . . »

Le jour vint . . . et, tout près des cimes élancées,
Les chiens du Saint-Bernard découvrirent soudain
Un voyageur dormant sur le bord du ravin.
Une bannière était dans ses deux mains glacées,
Et sur elle ces mots tracés en un fil d'or :
 « Excelsior ! Excelsior ! »

Il était là, couché dans la pâle lumière,
Sans vie . . . et beau pourtant d'une étrange beauté.
Près de lui, quand plus tard le vieux moine arrêté
Pour le mort inconnu récita sa prière,
Ces mots du haut du ciel descendirent encor :
 « Excelsior ! . . . Excelsior ! »

HENRIETTE HOLLARD.
(<i>Extrait des "Souvenirs d'une Sœur."</i>
Librairie Fischbacher, Paris.
Avec l'autorisation de l'Éditeur.)

32

POUR LES PAUVRES

Qui donne au pauvre prête à Dieu.
V. H.

DANS vos fêtes d'hiver, riches, heureux du monde,
Quand le bal tournoyant de ses feux vous inonde,
Quand partout à l'entour de vos pas vous voyez
Briller et rayonner cristaux, miroirs, balustres,
Candélabres ardents, cercle étoilé des lustres,
Et la danse, et la joie au front des conviés ;

Tandis qu'un timbre d'or sonnant dans vos demeures
Vous change en joyeux chant la voix grave des heures,

Oh ! songez-vous parfois que, de faim dévoré,
Peut-être un indigent dans les carrefours sombres
S'arrête, et voit danser vos lumineuses ombres
    Aux vitres du salon doré ?

Songez-vous qu'il est là sous le givre et la neige,
Ce père sans travail que la famine assiège ?
Et qu'il se dit tout bas :—Pour un seul que de biens !
A son large festin que d'amis se récrient !
Ce riche est bien heureux, ses enfants lui sourient.
Rien que dans leurs jouets que de pain pour les miens !—

Et puis à votre fête il compare en son âme
Son foyer où jamais ne rayonne une flamme,
Ses enfants affamés, et leur mère en lambeau,
Et, sur un peu de paille, étendue et muette,
L'aïeule, que l'hiver, hélas ! a déjà faite
    Assez froide pour le tombeau.

Car Dieu mit ces degrés aux fortunes humaines.
Les uns vont tout courbés sous le fardeau des peines ;
Au banquet du bonheur bien peu sont conviés ;
Tous n'y sont point assis également à l'aise.
Une loi, qui d'en bas semble injuste et mauvaise,
Dit aux uns : *Jouissez!* aux autres : *Enviez!*

Cette pensée est sombre, amère, inexorable,
Et fermente en silence au cœur du misérable.
Riches, heureux du jour, qu'endort la volupté,
Que ce ne soit pas lui qui des mains vous arrache
Tous ces biens superflus où son regard s'attache :—
    Oh ! que ce soit la charité !

L'ardente charité, que le pauvre idolâtre !
Mère de ceux pour qui la fortune est marâtre !
Qui relève et soutient ceux qu'on foule en passant,
Qui, lorsqu'il le faudra, se sacrifiant toute,
Comme le Dieu martyr dont elle suit la route,
Dira : Buvez ! mangez ! c'est ma chair et mon sang.

Que ce soit elle, oh ! oui, riches ! que ce soit elle
Qui, bijoux, diamants, rubans, hochets, dentelle,
Perles, saphirs, joyaux toujours faux, toujours vains,
Pour nourrir l'indigent et pour sauver vos âmes,
Des bras de vos enfants et du sein de vos femmes
    Arrache tout à pleines mains !

Donnez, riches ! L'aumône est sœur de la prière.
Hélas ! quand un vieillard, sur votre seuil de pierre,
Tout roidi par l'hiver, en vain tombe à genoux ;
Quand les petits enfants, les mains de froid rougies,
Ramassent sous vos pieds les miettes des orgies,
La face du Seigneur se détourne de vous.

Donnez ! afin que Dieu, qui dote les familles,
Donne à vos fils la force, et la grâce à vos filles ;
Afin que votre vigne ait toujours un doux fruit ;
Afin qu'un blé plus mûr fasse plier vos granges ;
Afin d'être meilleurs ; afin de voir les anges
    Passer dans vos rêves la nuit !

Donnez ! Il vient un jour où la terre nous laisse.
Vos aumônes là-haut vous font une richesse.
Donnez ! afin qu'on dise : Il a pitié de nous !
Afin que l'indigent que glacent les tempêtes,
Que le pauvre qui souffre à côté de vos fêtes,
Au seuil de vos palais fixe un œil moins jaloux.

Donnez ! pour être aimés du Dieu qui se fit homme,
Pour que le méchant même en s'inclinant vous nomme,
Pour que votre foyer soit calme et fraternel ;
Donnez ! afin qu'un jour, à votre heure dernière,
Contre tous vos péchés vous ayez la prière
    D'un mendiant puissant au ciel !

VICTOR HUGO.

33

LE CRUCIFIX

Toi que j'ai recueilli sur sa bouche expirante
Avec son dernier souffle et son dernier adieu,
Symbole deux fois saint, don d'une main mourante,
    Image de mon Dieu ;

Que de pleurs ont coulé sur tes pieds que j'adore,
Depuis l'heure sacrée où, du sein d'un martyr,
Dans mes tremblantes mains tu passas, tiède encore
    De son dernier soupir !

Les saints flambeaux jetaient une dernière flamme ;
Le prêtre murmurait ces doux chants de la mort,
Pareils aux chants plaintifs que murmure une femme
    A l'enfant qui s'endort.

De son pieux espoir son front gardait la trace,
Et sur ses traits, frappés d'une auguste beauté,
La douleur fugitive avait empreint sa grâce,
    La mort sa majesté.

Le vent qui caressait sa tête échevelée
Me montrait tour à tour ou me voilait ses traits,
Comme l'on voit flotter sur un blanc mausolée
  L'ombre des noirs cyprès.

Un de ses bras pendait de la funèbre couche ;
L'autre, languissamment replié sur son cœur,
Semblait chercher encore et presser sur sa bouche
  L'image du Sauveur.

Ses lèvres s'entr'ouvraient pour l'embrasser encore ;
Mais son âme avait fui dans ce divin baiser,
Comme un léger parfum que la flamme dévore
  Avant de l'embraser.

Maintenant tout dormait sur sa bouche glacée,
Le souffle se taisait dans son sein endormi,
Et sur l'œil sans regard la paupière affaissée
  Retombait à demi.

Et moi, debout, saisi d'une terreur secrète,
Je n'osais m'approcher de ce reste adoré,
Comme si du trépas la majesté muette
  L'eût déjà consacré.

Je n'osais . . . Mais le prêtre entendit mon silence,
Et de ses doigts glacés prenant le crucifix :
« Voilà le souvenir, et voilà l'espérance ;
  Emportez-les, mon fils ! »

Oui, tu me resteras, ô funèbre héritage !
Sept fois, depuis ce jour, l'arbre que j'ai planté
Sur sa tombe sans nom a changé son feuillage :
  Tu ne m'as pas quitté.

Placé près de ce cœur, hélas ! où tout s'efface,
Tu l'as contre le temps défendu de l'oubli,
Et mes yeux goutte à goutte ont imprimé leur trace
    Sur l'ivoire amolli.

O dernier confident de l'âme qui s'envole,
Viens, reste sur mon cœur ! parle encore, et dis-moi
Ce qu'elle te disait quand sa faible parole
    N'arrivait plus qu'à toi ;

A cette heure douteuse où l'âme qui s'envole,
Se cachant sous le voile épaissi sur nos yeux,
Hors de nos sens glacés pas à pas se replie,
    Sourde aux derniers adieux ;

Alors qu'entre la vie et la mort incertaine,
Comme un fruit par son poids détaché du rameau,
Notre âme est suspendue et tremble à chaque haleine
    Sur la nuit du tombeau ;

Quand des chants, des sanglots, la confuse harmonie
N'éveille déjà plus notre esprit endormi ;
Aux lèvres du mourant collé dans l'agonie,
    Comme un dernier ami,

Pour éclaircir l'horreur de cet étroit passage,
Pour relever vers Dieu son regard abattu,
Divin consolateur, dont nous baisons l'image,
    Réponds, que lui dis-tu ?

Tu sais, tu sais mourir ! et tes larmes divines,
Dans cette nuit terrible où tu prias en vain,
De l'olivier sacré baignèrent les racines
    Du soir jusqu'au matin.

De la croix, où ton œil sonda ce grand mystère,
Tu vis ta mère en pleurs et la nature en deuil ;
Tu laissas comme nous tes amis sur la terre,
    Et ton corps au cercueil !

Au nom de cette mort, que ma faiblesse obtienne
De rendre sur ton sein ce douloureux soupir :
Quand mon heure viendra, souviens-toi de la tienne,
    O toi qui sais mourir !

Je chercherai la place où sa bouche expirante
Exhala sur tes pieds l'irrévocable adieu,
Et son âme viendra guider mon âme errante
    Au sein du même Dieu.

Ah ! puisse, puisse alors sur ma funèbre couche,
Triste et calme à la fois, comme un ange éploré,
Une figure en deuil recueillir sur ma bouche
    L'héritage sacré !

Soutiens ses derniers pas, charme sa dernière heure ;
Et, gage consacré d'espérance et d'amour,
De celui qui s'éloigne à celui qui demeure,
    Passe ainsi tour à tour ;

Jusqu'au jour où, des morts perçant la voûte sombre,
Une voix dans le ciel, les appelant sept fois,
Ensemble éveillera ceux qui dorment à l'ombre
    De l'éternelle croix !

LAMARTINE.

34

LA MÈRE ET L'ENFANT

J'avais plus d'une fois fait l'aumône, le soir,
A certaine pauvresse errant sur le trottoir.
Comme un spectre dans l'ombre, et d'allure furtive,
On la voyait passer et repasser, craintive,
Maigre, déguenillée et pressant dans ses bras
Un pauvre corps d'enfant que l'on ne voyait pas,
Cher fardeau qu'un haillon emmaillotte et protège,
Et qui dormait en paix sous la pluie et la neige,
Trouvant près de ce sein, flétri par la douleur,
Son seul abri, sans doute, et sa seule chaleur !

Elle tendait la main, suppliante et muette,
Sous les rayons blafards qu'au loin le gaz projette.
Elle glissait rapide, et, dans les coins obscurs,
Au détour des maisons ou le long des vieux murs,
S'approchait, d'un regard vous disait sa misère ;
Et, comme à ces tableaux tout cœur ému se serre,
On lui donnait.
        Parfois j'ai longuement rêvé
A ces grands dénûments qui hantent le pavé !
Faut-il poursuivre, hélas ! et ce que je vais dire,
La vulgaire pitié, l'accueillant pour maudire,
S'en fera-t-elle une arme ? Et dans chaque passant
Aurai-je fait germer un soupçon renaissant ?
Ah ! si par mon récit j'allais fermer une âme,
Rendre suspect le pauvre, et la misère infâme ;
Si je devais glacer un seul cœur révolté,
Si je devais tarir ta source, ô charité,

Et, rassurant tout bas l'égoïsme du sage,
Arrêter seulement une obole au passage,
Je me tairais!—Mais non. Pourquoi cacher sans fin
Les conseils ténébreux qui naissent de la faim?
Sondons pour mieux guérir! Je hais le mal qu'on farde!
J'aperçois plus profond l'abîme où je regarde,
Mais non pas moins navrante et moins digne d'amour
L'affreuse vérité qui se dévoile au jour!
Et qu'importe, après tout! donnons dans chaque piège!
Devant la main qu'on tend, l'enquête est sacrilège.
Pour que le pauvre ait droit à notre charité,
Il suffit de sa honte et de sa pauvreté ;
Et tout ce qu'on découvre, et tout ce qu'on devine
Ne doit rien retrancher de l'aumône divine!

Un soir, je vis la femme a vingt pas devant moi ;
Elle précipitait sa course avec effroi :
On la suivait. Un homme,—un agent,—l'interpelle,
Et, traversant la rue, il marche droit sur elle ;
Il la saisit, du geste écarte brusquement
Le châle où reposait le pauvre être dormant,
Prend le bras qui résiste, et l'enfant tombe à terre!
L'enfant, non : pas un cri ne sortit de la mère.
Quelques haillons, noués d'un mauvais fichu blanc,
Jusqu'au bord du ruisseau vont en se déroulant ;
Et, comme j'approchais, l'homme au cruel office
De l'informe paquet me fit voir l'artifice.

Un éblouissement me passa sur les yeux ;
J'aurais voulu douter du spectacle odieux ;
Et, bien qu'on m'eût déjà conté ce stratagème,
J'éprouvais un dégoût à le toucher moi-même!
Ces enfants endormis que je rêvais si beaux
N'étaient plus désormais que langes et lambeaux.

De quel nom vous nommer, prières, larmes feintes ?
O misère, qui joue avec ces choses saintes
Et peut si bien mentir que le cœur se défend
D'un désespoir de mère et d'un sommeil d'enfant !
J'allais m'enfuir, laissant la misérable aux prises
Avec l'agent, moins tendre à de telles surprises,
Quand j'entendis, tremblante et brisée, une voix
Qui m'implorait :
  « Oh ! non ! . . . c'est la première fois !
Si vous voulez me croire, et venir, et me suivre,
Vous verrez l'autre : il vit ! car le petit veut vivre !
C'est lui qu'hier encor je portais ; mais ce soir
Il fait si froid ! l'enfant est si chétif à voir ;
Et, quand il tousse, on est si navré de l'entendre,
Que je n'ai pas voulu, pour cette fois, le prendre,
Car c'était le tuer,—vous comprenez cela ? . . .
Et c'est pourquoi j'ai fait bien vite . . . celui-là !
Qu'on ne m'arrête point ! vous êtes charitable :
Venez, et vous verrez l'enfant,—le véritable ! »

Et la femme aux haillons devant moi sanglotait ;
Et j'ai cru, comme vous, ce qu'elle racontait.

Eugène Manuel.
(<i>Calmann Lévy, Éditeur.</i>)</div>

35
LA PRIÈRE DE L'ENFANT

Ora pro nobis !

Ma fille ! va prier !—Vois, la nuit est venue,
Une planète d'or là-bas perce la nue ;
La brume des coteaux fait trembler le contour ;
A peine un char lointain glisse dans l'ombre . . .Écoute !

Tout rentre et se repose, et l'arbre de la route
Secoue au vent du soir la poussière du jour !

Le crépuscule, ouvrant la nuit qui les recèle,
Fait jaillir chaque étoile en ardente étincelle ;
L'Occident amincit sa frange de carmin ;
La nuit de l'eau dans l'ombre argente la surface ;
Sillons, sentiers, buissons, tout se mêle et s'efface ;
Le passant inquiet doute de son chemin.

Le jour est pour le mal, la fatigue et la haine :
Prions : voici la nuit ! la nuit grave et sereine !
Le vieux pâtre, le vent aux brèches de la tour,
Les étangs, les troupeaux avec leur voix cassée,
Tout souffre et tout se plaint ; la nature lassée
A besoin de sommeil, de prière et d'amour !

C'est l'heure où les enfants parlent avec les anges :
Tandis que nous courons à nos plaisirs étranges,
Tous les petits enfants, les yeux levés au ciel,
Mains jointes et pieds nus, à genoux sur la pierre,
Disant à la même heure une même prière,
Demandent pour nous grâce au père universel !

Et puis ils dormiront.—Alors, épars dans l'ombre,
Les rêves d'or, essaim tumultueux, sans nombre,
Qui naît aux derniers bruits du jour à son déclin ;
Voyant de loin leur souffle et leurs bouches vermeilles,
Comme volent aux fleurs de joyeuses abeilles,
Viendront s'abattre en foule à leurs rideaux de lin !

O sommeil du berceau ! prière de l'enfance !
Voix qui toujours caresse et qui jamais n'offense !
Douce religion, qui s'égaye et qui rit !
Prélude du concert de la nuit solennelle !

Ainsi que l'oiseau met sa tête sous son aile,
L'enfant, dans la prière, endort son jeune esprit!

Ma fille, va prier!—D'abord, surtout pour celle
Qui berça tant de nuits ta couche qui chancelle,
Pour celle qui te prit jeune âme dans le ciel,
Et qui te mit au monde, et depuis, tendre mère,
Faisant deux parts pour toi dans cette vie amère,
Toujours a bu l'absinthe et t'a laissé le miel.

Va prier pour ton père! Afin que je sois digne
De voir passer en rêve un ange au vol de cygne,
Pour que mon âme brûle avec les encensoirs!
Efface mes péchés sous ton souffle candide,
Afin que mon cœur soit innocent et splendide
Comme un pavé d'autel qu'on lave tous les soirs!

Victor Hugo

36

LE ROUET

Quoi! vous voulez le faire disparaître
Dans quelque sombre et triste corridor,
Ce vieux rouet, qu'à travers la fenêtre
Le gai soleil frappe d'un reflet d'or?
Si vous saviez la douce rêverie
Qui, près de lui, si souvent m'a bercé!
Si vous saviez à mon âme attendrie
Tout ce que dit ce témoin du passé!

    C'est le rouet de la grand'mère;
    Il me semble encore la voir,
    Malgré l'âge, active ouvrière,
    Filant du matin jusqu'au soir.

Oui, je la vois, c'est elle, c'est bien elle !
Sa robe sombre aux larges plis tombants,
Sa coiffe antique et sa tête si belle,
Si belle encor sous ses doux cheveux blancs !
Ici, près d'elle, une cage est posée ;
Là, le vieux chat dort devant les tisons,
Et le soleil, à travers la croisée,
Comme aujourd'hui, darde ses chauds rayons !

    Quelle fête pour la grand'mère,
    Quand les oiseaux, dans les beaux jours,
    Chantaient leur chanson printanière,
    Le vieux rouet tournant toujours !

Je vois l'école au sortir de laquelle,
Avec bonheur grimpant notre escalier,
De loin, déjà, m'arrivaient pêle-mêle
Ce gai ramage et ce bruit familier.
J'entrais. « Eh bien ! disait la bonne vieille,
A-t-on point ri ? S'est-on point fait chasser ?
Dois-je embrasser, ou bien tirer l'oreille ? . . .
—Non, grand'maman, vous pouvez m'embrasser. »

    Je le sens encor sur ma joue,
    Ce tendre et long et doux baiser !
    Et bientôt la petite roue
    De recommencer à jaser !

Comme elle fuit, rapide, obéissante !
Et quel plaisir de voir, en même temps,
Diminuer l'étoupe éblouissante,
Croître le fil sous les doigts palpitants !
Mais, tout à coup, le voilà qui s'embrouille . . .
« C'est lui ! c'est lui, c'est ce maudit garçon

Qui veut toujours toucher à la quenouille !
Allez-vous-en, monsieur le polisson ! »

Mais ces grands courroux de grand'mère
Ne tardaient pas à s'apaiser :
« Pardon ! » lui disais-je, et la guerre
Ramenait un nouveau baiser !

Dès le matin, quand venait le dimanche,
Ce vieux rouet, qu'il faisait bon le voir
Enveloppé de sa chemise blanche,
Près du fauteuil, endormi jusqu'au soir !
La grande Bible aux naïves images
S'ouvrait alors, et le temps s'oubliait
A regarder Job, David, les rois mages,
L'enfant Jésus !—Et l'aïeule priait !

Et de l'antique cathédrale,
Tandis que nous lisions, parfois
Nous entendions, par intervalle,
L'orgue élever sa grande voix.

Plus tard, un soir : « Écoute, me dit-elle,
Tu vois ce fil, enfant, tels sont nos jours :
Sur la quenouille une main immortelle,
La main de Dieu, les file longs ou courts.
Puissent les tiens, qui commencent à peine,
Égaler ceux que je dois au Seigneur !
Puisse surtout sa bonté souveraine
A leur durée égaler ton bonheur ! »

Et les deux mains de la grand'mère
Se joignant au bord du rouet,
Oh ! de quelle ardente prière
Elle accompagna ce souhait !

« Les miens s'en vont, ajouta-t-elle encore,
Et ma quenouille est bien près de finir !
Au soir du jour qui pour toi vient d'éclore
J'arrive en paix, et je n'ai qu'à bénir !
Quand du rouet de ta pauvre grand'mère
Depuis longtemps le bruit aura cessé,
Puisse une larme au bord de ta paupière
Monter encore en songeant au passé ! »

 Grand'mère, la voilà, cette heure ;
 Depuis longtemps il a cessé,
 Et, regardez ! votre enfant pleure
 Auprès du rouet délaissé !

Louis Tournier.

37
LES MONDES

Soleil, globe de feu, gigantesque fournaise,
Chaos incandescent où bout une genèse,
Océan furieux où flottent éperdus
Les liquides granits et les métaux fondus,
Heurtant, brisant, mêlant leurs vagues enflammées
Sous de noirs ouragans tout chargés de fumées ;
Houle ardente, où parfois nage un flot vermeil,
Tache aujourd'hui, demain écorce du soleil ;
Autour de toi se meut, ô fécond incendie,
La terre, notre mère, à peine refroidie ;
Et, refroidis comme elle et comme elle habités,
Mars sanglant, et Vénus, l'astre aux blanches clartés :
Dans tes proches splendeurs Mercure qui se baigne,
Et Saturne en exil aux confins de ton règne ;
Et par Dieu, puis par moi, couronné dans l'éther
D'un quadruple bandeau de lunes, Jupiter.

Mais, astre souverain, centre de tous ces mondes,
Par delà ton empire aux limites profondes,
Des milliers de soleils, si nombreux, si touffus,
Qu'on ne peut les compter dans leurs groupes confus,
Prolongent, comme toi, leurs immenses cratères,
Font mouvoir, comme toi, des mondes planétaires,
Qui tournent autour d'eux, qui composent leur cour,
Et tiennent de leur roi la chaleur et le jour.
Oh ! oui, vous êtes mieux que des lampes nocturnes,
Qu'allumeraient pour nous des veilleurs taciturnes,
Innombrables lueurs, étoiles qui poudrez
De votre sable d'or les chemins azurés ;
Chez vous palpite aussi la vie universelle,
Grands foyers où notre œil ne voit qu'une étincelle.

Montons, montons encor. D'autres cieux fécondés,
Sont, par delà nos cieux, d'étoiles inondés.
Franchissant notre azur, mon hardi télescope
De notre amas stellaire a percé l'enveloppe ;
Hors de ce tourbillon monstrueux de soleils,
J'ai vu l'infini plein de tourbillons pareils ;
Oui, dans ces gouffres bleus, dans ces profondeurs
    sombres
Dont la distance échappe au langage des nombres,
Il est—je les ai vus—des nuages laiteux,
Des gouttes de lumière aux rayons si douteux,
Qu'un ver luisant, caché dans l'herbe de nos routes,
Jette assez de lueur pour les éclipser toutes ;
La lentille, abordant ces archipels lointains,
Résout leur blancheur vague en mille astres distincts,
Puis entrevoit encore, ascension sans borne !
D'autres fourmillements dans l'immensité morne.
Et quand, le télescope étant vaincu, mon œil
Du vide et de la nuit croit atteindre le seuil,

Au regard impuissant succède la pensée,
Qui, d'espace en espace éperdûment lancée,
Ne cesse de sonder l'infini lumineux,
Est prise, en le sondant, d'effroi vertigineux.

Et partout l'action, le mouvement et l'âme !
Partout, roulant autour de leurs centres en flamme,
Des globes habités, dont les hôtes pensants
Vivent comme je vis, sentent comme je sens ;
Les uns plus abaissés, et les autres peut-être
Plus élevés que nous sur les degrés de l'être !
Que c'est grand ! que c'est beau ! Dans quel culte profond
L'esprit, plein de stupeur, s'abîme et se confond !
Inépuisable Auteur, que ta toute-puissance
S'y montre dans sa gloire et sa magnificence !
Que la vie, épanchée à flots dans l'infini,
Proclame vastement ton nom partout béni !

PONSARD.
(Calmann Lévy, Éditeur.)

38

LE TROUBADOUR

VIVENT les nuits d'été pour faire un bon voyage !
Le soir on a soupé dans quelque humble village,
Sous la treille, devant les splendeurs du couchant ;
Et l'on part au lever de la lune.
      En marchant,
On chante, et l'on oublie, en chantant, la fatigue.
Vivent les nuits d'été quand le ciel est prodigue

De clartés et que l'astre au regard presque humain
Vous sourit au travers des arbres du chemin !
Vivent les nuits de juin et vive l'espérance !
M'y voici.
    Dès demain je saurai si Florence
Aime toujours le luth et les chansons d'amour.
Mais nous sommes encor bien loin du petit jour ;
Et quand on est ainsi vêtu de vieille serge
Et qu'on porte ceci sur l'épaule, l'auberge
Est sourde au poing qui frappe, et s'ouvre avec ennui.
Où pourrais-je donc bien me coucher aujourd'hui ?
Ce vieux banc ? Oui !
    C'est dur. Mais la nuit est si douce !
Et puis je les connais, les oreillers de mousse.
On y dort ; et, si l'on a froid dans son sommeil,
Le matin on se chauffe en dansant au soleil.
C'est égal, on est mieux entre deux draps de toile.
Cette nuit je te prends pour gîte, ô belle étoile.
Je ne veux pas garder l'incognito :
Je suis musicien et j'ai nom Zanetto.
Depuis l'enfance, étant d'un naturel nomade,
Je voyage, ma vie est une promenade,
Je crois n'avoir jamais dormi trois jours entiers
Sous un toit ; et je vis de vingt petits métiers
Dont on n'a pas besoin ; mais pour être sincère,
L'inutile, ici-bas, c'est le plus nécessaire.
Je sais faire glisser un bateau sur un lac ;
Et pour placer la courbe exquise d'un hamac,
Choisir dans le jardin les branches les plus souples ;
Je sais conduire aussi les lévriers par couples,
Et dompter un cheval rétif. Je sais encor
Jongler dans un sonnet avec les rimes d'or ;
Et suis de plus, mérite assurément très rare,
Éleveur de faucons et maître de guitare,

Toutes professions à dîner rarement,
N'est-ce pas ? Oh ! bien moins qu'on ne croirait vraiment.
Pourtant, c'est vrai, je suis un être peu pratique,
L'heure de mes repas est très problématique,
Et je suis quelquefois forcé de l'oublier,
Alors que le pays m'est inhospitalier.
Souvent, loin des maisons banales où vous êtes,
Assis au fond des bois, j'ai dîné de noisettes ;
Mais cela m'a donné l'âme d'un écureuil.
Et puis presque partout on me fait bon accueil ;
Je tiens si peu de place et veux si peu de chose !
J'entre dans les châteaux, le soir, et je propose
De dire une chanson pendant qu'on va souper.
Tout en chantant, je vois le maître découper
Le quartier de chevreuil et la volaille grasse,
Et ma voix en a plus de moelleux et de grâce ;
Je lance aux plats fumants de longs regards amis ;
On comprend, et voilà que mon couvert est mis.
J'ai mon caprice pour seul guide, et je voyage
Comme la feuille morte et comme le nuage.
Je suis vraiment celui qui vient on ne sait d'où
Et qui n'a pas de but, le poète, le fou,
Avide seulement d'horizon et d'espace,
Celui qui suit au ciel les oiseaux et qui passe.
On n'entend qu'une fois mes refrains familiers.
Je m'arrête un instant pour cueillir aux halliers
Des lianes en fleur dont j'orne ma guitare,
Puis je repars ; je suis le voyageur bizarre,
Que tous ont rencontré léger de ses seize ans,
Dans le sentier nocturne où sont les vers luisants.
Quand il pleut, je me mets sous l'épaisse feuillée,
Et je sors ruisselant de la forêt mouillée,
Pour courir du côté riant de l'arc-en-ciel

Ne la cherchant jamais, je trouve naturel
De n'avoir pas encor rencontré la fortune.
Je suis le pèlerin qui marche sous la lune,
Boit au ruisseau jaseur, passe le fleuve au gué,
Va toujours et n'est pas encore fatigué.

FRANÇOIS COPPÉE.

39

LA ROBE

DANS l'étroite mansarde où glisse un jour douteux
La femme et le mari se querellaient tous deux.
Il avait, le matin, dormi, cuvant l'ivresse,
Et s'éveillant, brutal, mécontent, sans caresse,
Le regard terne encore, et le geste alourdi,
Quand l'honnête ouvrier se repose, à midi ;
Il avait faim : sa femme avait oublié l'heure ;
Tout n'était que désordre aussi dans sa demeure ;
Car le coupable, usant d'un stupide détour,
S'empresse d'accuser, pour s'absoudre à son tour !

« Qu'as-tu fait ? d'où viens-tu ? réponds-moi, je soup-
  çonne
Une femme qui sort et toujours m'abandonne.
—J'ai cherché du travail : car, tandis que tu bois,
Il faut du pain pour vivre, et s'il gèle, du bois !
—Je fais ce que je veux !
                        —Donc je ferai de même !
—J'aime ce qui me plaît !
                        —Moi, j'aimerai qui m'aime !
—Misérable ! . . . » Et soudain, des injures, des cris,
Tout ce que la misère inspire aux cœurs aigris ;
Avec des mots affreux mille blessures vives ;

Les regrets du passé, les mornes perspectives,
Et l'amer souvenir d'un grand bonheur détruit.
Mais l'homme, tout à coup :
« A quoi bon tout ce bruit ?
J'en suis las ! tous les jours, c'est dispute nouvelle,
Et c'est par trop souvent me rompre la cervelle.
Beau ménage vraiment que le nôtre, après tout !
Je prends, à vivre ainsi, l'existence en dégoût.
Rien ne m'attire plus dans cette chambre sombre
Où la chance est mauvaise, où des malheurs sans nombre
M'ont accablé. »
La femme aussitôt : « Je t'entends ;
Eh bien ! séparons-nous ! d'ailleurs, voilà longtemps
Que nous nous menaçons.—C'est juste !—En conscience,
J'ai déjà trop tardé.
—J'eus trop de patience.
Une vie impossible !
—Un martyre !
—Un enfer !
—Va-t'en donc ! dit la femme, ayant assez souffert ;
Garde ta liberté ; moi, je reprends la mienne !
C'est assez travailler pour toi. Quoi qu'il advienne,
J'ai mes doigts, j'ai mes yeux : je saurai me nourrir.
Va boire ! tes amis t'attendent, va courir
Au cabaret ! le soir, dors où le vin te porte !
Je ne t'ouvrirai plus, ivrogne, cette porte !
—Soit. Mais supposes-tu que je vais te laisser
Les meubles, les effets, le linge, et renoncer
A ce qui me revient dans le peu qui nous reste,
Emportant, comme un gueux, ma casquette et ma
  veste ?
De tout ce que je vois il me faut la moitié.
Partageons. C'est mon bien.
—Ton bien ? quelle pitié !

Qui de nous pour l'avoir montra plus de courage ?
O pauvre mobilier, que j'ai cru mon ouvrage !
N'importe ! je consens encore à partager :
Je ne veux rien de toi, qui m'es un étranger ! »

Et les voilà prenant les meubles, la vaisselle,
Examinant, pesant ; sur leur front l'eau ruisselle ;
La fièvre du départ a saisi le mari.
Muet, impatient et sans rien d'attendri,
Ouvrant chaque tiroir, bousculant chaque siège,
Il presse ce travail impie et sacrilège :
Tout est bouleversé dans le triste taudis,
Dont leur amour peut-être eût fait un paradis.
Confusion sans nom, spectacle lamentable !
Partout, sur le plancher, sur le lit, sur la table,
Pêle-mêle, chacun, d'un rapide regard,
Entasse les objets et se choisit sa part.
« Prends ceci ; moi cela !
    —Toi ce verre ; moi, l'autre !
—Ces flambeaux, partageons !
    —Ces draps, chacun le nôtre ! »
Et tous deux consommaient, en s'arrachant leur bien,
Ce divorce du peuple, où la loi n'est pour rien.

Le partage tirait à sa fin ; la journée,
Froide et grise, attristait cette tâche obstinée,
Quand soudain l'ouvrier, dans le fond d'un placard,
Sur une planche haute, aperçoit à l'écart
Un vieux paquet noué, qu'il ouvre et qu'il déplie.
« Qu'est-ce cela ? dit-il ; du linge qu'on oublie ?
Voyons ! . . . des vêtements ? . . . une robe ? . . . un
  bonnet ? . . . »
Leur regard se rencontre, et chacun reconnaît,

Intactes et dormant sous l'oubli des années,
D'une enfant qui n'est plus les reliques fanées.
Ils s'arrêtent tous deux, interdits et sans voix ;
Leur cœur est traversé d'un éclair d'autrefois ;
Leur fille en un instant revit là, tout entière,
Dans sa première robe, hélas ! et sa dernière.
« C'est à moi, c'est mon bien ! dit l'homme en la pressant.
—Non, tu ne l'auras pas, dit-elle, pâlissant ;
Non ; c'est moi qui l'ai faite et moi qui l'ai brodée . . .
—Je la veux.
—Non, jamais ! pour moi je l'ai gardée,
Et tu peux prendre tout ! laisse-moi seulement,
Pour l'embrasser toujours, ce petit vêtement.
O cher amour ! pourquoi Dieu l'a-t-il rappelée,
Depuis trois ans tantôt qu'elle s'en est allée,
Si bonne et si gentille ! . . . Ah ! depuis son départ,
Tout a changé pour moi : maintenant, c'est trop tard ! »

Et, d'un pas chancelant, elle prit en silence
Les objets, qu'il lâcha sans faire résistance.
Elle arrêta longtemps sur ces restes sacrés,
Immobile et rêvant, ses yeux désespérés ;
Embrassa lentement l'étroite robe blanche,
Le petit tablier, le bonnet du dimanche ;
Puis, dans les mêmes plis comme ils étaient d'abord,
Sombre, elle enveloppa les vêtements de mort,
En murmurant tout bas :
            « Non ! non ! c'est trop d'injure !
Tu te montres trop tard !
            —Trop tard ? En es-tu sûre ?
Dit l'homme en éclatant : et puisque notre enfant
Vient nous parler encore, et qu'elle nous défend
De partager la robe où nous l'avons connue,
Et que pour nous gronder son âme est revenue,

Veux-tu me pardonner ? je ne peux plus partir ! »
Il s'assit. De ses yeux coulait le repentir.
Elle courut à lui :
« Tu pleures, ta main tremble ! »
Et tous deux sanglotant dirent : « Restons ensemble. »

EUGÈNE MANUEL.
(Calmann Lévy, Éditeur.)

40

LES PAUVRES GENS

Il est nuit ; la cabane est pauvre, mais bien close.
Le logis est plein d'ombre, et l'on sent quelque chose
Qui rayonne à travers le crépuscule obscur.
Des filets de pêcheur sont accrochés au mur.
Au fond, dans l'encoignure, où quelque humble vaisselle
Aux planches d'un bahut vaguement étincelle,
On distingue un grand lit aux longs rideaux tombants ;
Tout près un matelas s'étend sur de vieux bancs,
Et cinq petits enfants, nid d'âmes, y sommeillent.
La haute cheminée, où quelques flammes veillent,
Rougit le plafond sombre, et, le front sur le lit,
Une femme, à genoux, prie et songe et pâlit.
C'est la mère, elle est seule. Et dehors, blanc d'écume,
Au ciel, aux vents, aux rocs, à la nuit, à la brume,
Le sinistre océan jette son noir sanglot.

L'homme est en mer ; depuis l'enfance matelot,
Il livre au hasard sombre une rude bataille.
Pluie ou bourrasque, il faut qu'il sorte, il faut qu'il aille
Car les petits enfants ont faim. Il part le soir
Quand l'eau profonde monte aux marches du musoir.

Il gouverne à lui seul sa barque à quatre voiles.
La femme est au logis, cousant les vieilles toiles,
Remmaillant les filets, préparant l'hameçon,
Surveillant l'âtre où bout la soupe de poisson,
Puis priant Dieu sitôt que les cinq enfants dorment.
Lui seul, battu des flots qui toujours se reforment,
Il s'en va dans l'abîme et s'en va dans la nuit.
Dur labeur ! tout est noir, tout est froid, rien ne luit.
Dans les brisants, parmi les lames en démence,
L'endroit bon à la pêche, et, sur la mer immense,
Le lieu mobile, obscur, capricieux, changeant,
Où se plaît le poisson aux nageoires d'argent,
Ce n'est qu'un point; c'est grand deux fois comme la
  chambre ;
Or, la nuit, dans l'ondée et la brume, en décembre,
Pour rencontrer ce point sur le désert mouvant,
Comme il faut calculer la marée et le vent !
Comme il faut combiner sûrement les manœuvres !

. . . .

Jeannie est bien plus triste encor. Son homme est seul,
Seul dans cette âpre nuit ! Seul sous ce noir linceul !
Pas d'aide. Ses enfants sont trop petits . . . O mère !
Tu dis : « S'ils étaient grands ! Leur père est seul ! »
  Chimère !
Plus tard, quand ils seront près du père et partis,
Tu diras en pleurant : « Oh ! s'ils étaient petits ! »

Elle prend sa lanterne et sa cape : c'est l'heure
D'aller voir s'il revient, si la mer est meilleure,
S'il fait jour, si la flamme est au mât du signal.
Allons ! et la voilà qui part. L'air matinal
Ne souffle pas encor. Rien. Pas de ligne blanche
Dans l'espace où le flot des ténèbres s'épanche.

Il pleut. Rien n'est plus noir que la pluie au matin :
On dirait que le jour tremble et doute, incertain,
Et qu'ainsi que l'enfant, l'aube pleure de naître.
Elle va. L'on ne voit luire aucune fenêtre.

Tout à coup, à ses yeux qui cherchent le chemin,
Avec je ne sais quoi de lugubre et d'humain,
Une sombre masure apparaît décrépite :
Ni lumière, ni feu ; la porte au vent palpite ;
Sur les murs vermoulus branle un toit hasardeux ;
La bise sur ce toit tord des chaumes hideux,
Jaunes, sales, pareils aux grosses eaux d'un fleuve.

« Tiens, je ne pensais plus à cette pauvre veuve,
Dit-elle ; mon mari, l'autre jour, la trouva
Malade et seule ; il faut voir comment elle va.»

Elle frappe à la porte, elle écoute, personne
Ne répond. Et Jeannie au vent de mer frissonne.
« Malade ! Et ses enfants ! comme c'est mal nourri !
Elle n'en a que deux, mais elle est sans mari !»
Puis elle frappe encore. « Hé ! voisine !» Elle appelle.
Et la maison se tait toujours. « Ah ! Dieu ! dit-elle,
Comme elle dort, qu'il faut l'appeler si longtemps !»
La porte, cette fois, comme si, par instants,
Les objets étaient pris d'une pitié suprême,
Morne, tourna dans l'ombre et s'ouvrit d'elle-même.

Elle entra. Sa lanterne éclaira le dedans
Du noir logis muet au bord des flots grondants.
L'eau tombait du plafond comme des trous d'un crible.
Au fond était couchée une forme terrible :
Une femme immobile et renversée, ayant

Les pieds nus, le regard obscur, l'air effrayant ;
Un cadavre ; autrefois mère joyeuse et forte ;
Le spectre échevelé de la misère morte,
Ce qui reste du pauvre après un long combat.

Près du lit où gisait la mère de famille,
Deux tout petits enfants, le garçon et la fille,
Dans le même berceau souriaient endormis.
La mère, se sentant mourir, leur avait mis
Sa mante sur les pieds et sur le corps sa robe,
Afin que dans cette ombre où la mort nous dérobe,
Ils ne sentissent plus la tiédeur qui décroît
Et pour qu'ils eussent chaud pendant qu'elle aurait
   froid.

. . . .

Qu'est-ce donc que Jeannie a fait chez cette morte ?
Sous sa cape aux long plis, qu'est-ce donc qu'elle emporte ?
Qu'est-ce donc que Jeannie emporte en s'en allant ?
Pourquoi son cœur bat-il ? pourquoi son pas tremblant
Se hâte-t-il ainsi ? D'où vient qu'en la ruelle
Elle court sans oser regarder derrière elle ?
Qu'est-ce donc qu'elle cache avec un air troublé
Dans l'ombre sur son lit ? Qu'a-t-elle donc volé ?

Quand elle fut rentrée au logis, la falaise
Blanchissait ; près du lit, elle prit une chaise
Et s'assit toute pâle ; on eût dit qu'elle avait
Un remords, et son front tomba sur le chevet,
Et, par instants, à mots entrecoupés, sa bouche
Parlait, tandis qu'au loin grondait la mer farouche.

« Mon pauvre homme ! Ah ! mon Dieu ! que va-t-il dire ?
Déjà tant de souci ! Qu'est-ce que j'ai fait là ?

Cinq enfants sur les bras ! ce père qui travaille !
Il n'avait pas assez de peine ; il faut que j'aille
Lui donner celle-là de plus. C'est lui ? Non. Rien.
J'ai mal fait. S'il me bat, je dirai : Tu fais bien.
Est-ce lui ? Non. Tant mieux. La porte bouge
   comme
Si l'on entrait. Mais non ! Voilà-t-il pas, pauvre
   homme !
Que j'ai peur de le voir rentrer, moi, maintenant ! »
Puis elle demeure, pensive et frissonnant,
S'enfonçant par degrés dans son angoisse intime,
Perdue en son souci comme dans un abîme,
N'entendant même plus les bruits extérieurs,
Les cormorans qui vont comme de noirs crieurs,
Et l'onde et la marée et le vent en colère.

La porte tout à coup s'ouvrit bruyante et claire,
Et fit, dans la cabane, entrer un rayon blanc,
Et le pêcheur, traînant son filet ruisselant,
Joyeux, parut au seuil et dit : « C'est la marine. »

« C'est toi ! » cria Jeannie ; et contre sa poitrine
Elle prit son mari, le serrant tendrement
Et lui baisa sa veste avec emportement,
Tandis que le marin disait : « Me voici, femme ! »
Et montrait sur son front, qu'éclairait l'âtre en flamme,
Son cœur bon et content que Jeannie éclairait.
« Je suis volé, dit-il, la mer, c'est la forêt. »
Quel temps-a-t-il fait ?—Dur.—Et la pêche ?—Mau-
   vaise,
Mais vois-tu, je t'embrasse et me voilà bien aise.
Je n'ai rien pris du tout. J'ai troué mon filet.
Le diable était caché dans le vent qui soufflait.

Quelle nuit ! Un moment, dans tout ce tintamarre,
J'ai cru que le bateau se couchait, et l'amarre
A cassé. Qu'as-tu-fait, toi, pendant ce temps-là ? »
Jeannie eut un frisson dans l'ombre et se troubla.
« Moi ? dit-elle. Ah ! mon Dieu, rien, comme à l'ordinaire,
J'ai cousu. J'écoutais la mer comme un tonnerre ;
J'avais peur.—Oui, l'hiver est dur, mais c'est égal. »
Alors, tremblante ainsi que ceux qui font le mal,
Elle dit : « A propos, notre voisine est morte.
C'est hier qu'elle a dû mourir, enfin n'importe,
Dans la soirée après que vous fûtes partis.
Elle laisse ses deux enfants qui sont petits,
L'un s'appelle Guillaume et l'autre Madeleine ;
L'un qui ne marche pas, l'autre qui parle à peine,
La pauvre bonne femme était dans le besoin. »
L'homme prit un air grave et jetant dans un coin
Son bonnet de forçat mouillé par la tempête :
« Diable ! diable ! dit-il en se grattant la tête,
Nous avions cinq enfants, cela va faire sept.
Déjà dans la saison mauvaise, on se passait
De souper quelquefois. Comment allons-nous faire ?
Bah ! tant pis ! Ce n'est pas ma faute. C'est l'affaire
Du bon Dieu. Ce sont là des accidents profonds.
Pourquoi donc a-t-il pris leur mère à ces chiffons ?
C'est gros comme le poing. Ces choses-là sont rudes.
Il faut, pour les comprendre, avoir fait ses études.
Si petits ! on ne peut leur dire : Travaillez !
Femme, va les chercher. S'ils se sont réveillés,
Ils doivent avoir peur tout seuls avec la morte.
C'est la mère, vois-tu, qui frappe à notre porte ;
Ouvrons aux deux enfants. Nous les mêlerons tous :
Cela nous grimpera le soir sur les genoux.
Ils vivront, ils seront frère et sœur des cinq autres.
Quand il verra qu'il faut nourrir avec les nôtres

Cette petite fille et ce petit garçon,
Le bon Dieu nous fera prendre plus de poisson.
Moi, je boirai de l'eau, je ferai double tâche.
C'est dit. Va les chercher. Mais qu'as-tu ? ça te fâche ?
D'ordinaire tu cours plus vite que cela.»
« Tiens ! dit-elle en ouvrant les rideaux, les voilà. »

VICTOR HUGO.

BIOGRAPHICAL NOTICES

Autran (Joseph), born at Marseilles in 1813, died in 1877. He will be remembered as the author of *Les Poèmes de la Mer* and *Laboureurs et Soldats.* Many of his descriptive pieces recall, by their elegance of form and construction, the masterpieces of the ancient classic poets.

Barbier (Henri-Auguste), was born in Paris, 1805, and died at Nice, 1882. He became at once famous by the publication of *Les Iambes,* a series of vigorous satires inspired by the events of the revolution of 1830, and written in the metre of that name (*Iambe*), *i.e.* an Alexandrine followed by a line of eight syllables, with crossed rhymes. Some of the pieces, notably: *La Curée, La Liberté, L'Idole,* etc., are truly admirable for their ringing vehemence. His subsequent compositions revealed a marked falling off in his powers, and he gradually sank into comparative oblivion until his name was once more brought into prominence by his election as member of the French Academy in 1869.

Baudelaire (Charles), born in Paris, 1821, died in 1867. A translator and imitator of Edgar Allan Poe, he seems to have been attracted by everything that is morbid and gruesome. His only book of poems, *Les Fleurs du Mal,* contains much that must be condemned in the name of decency, yet admired for its artistic power and weird inspiration.

Béranger (Pierre-Jean), the most celebrated *chansonnier* of the nineteenth century, was born in Paris, of humble parentage, in 1780, and died in 1857. He was apprenticed to a printer, and his early taste for verse-writing was said to have been awakened whilst setting-up the type of an edition of André Chénier's poems. Many are the songs he poured out during half a century, merry light-hearted couplets, rollicking refrains (some free even to licentiousness), graceful and sentimental ballads, patriotic odes, political skits, and social satires.

Béranger's strong republican opinions and his opposition to the monarchical government, for which he suffered imprisonment on more than one occasion, made him the idol of the working classes. The poet, who benefited during his lifetime by the immense popularity of the man, has lost much of his prestige in the eyes of the present generation, who are inclined to cavil about his merits, but it is safe to predict that he will always occupy a distinguished place among the poets of the nineteenth century.

Besse (Alfred), an improvisator, known for his remarkable quickness of mind and technical skill, which enabled him literally to 'juggle' with rhymes. He produced, in 1865, a collection of his best impromptus.

Brizeux (Julien-Auguste), a Breton poet, was born at Lorient in 1803. His poems consist chiefly of touching remembrances of his boyhood, instinct with the love of his own native land, and written in flowing and harmonious language. His best-known works are: *Marie*, *Les Bretons*, and *Histoires poétiques*, all full of freshness and genuine emotion.

Chénier (André-Marie de), the son of a French Consul-General in Turkey and a Greek lady, born at Constantinople in 1762. He was brought to France in 1772, residing for many years at Carcassonne in the South, and afterwards completing his education at the *Collège de Navarre* in Paris. In 1787, he was appointed Secretary to the French Embassy in London, but returned to Paris soon after the outbreak of the Revolution, and eagerly joined in the fight for freedom. The excesses committed in 1793 aroused his indignation, and he ventured to denounce them vigorously in the *Journal de Paris*, thus bringing upon himself the wrath of the Jacobin party, who ordered his arrest. He died on the scaffold at the early age of thirty-two.

Chénier was a born poet, of an enthusiastic disposition, of a firm, noble character, and possessed of an ardent passion for the beautiful in art and nature. Deeply versed in the literature of his mother's country, he borrowed his principal themes from stories and legends of Greek antiquity. His elegies, lyrics, and idylls, most of which remained unpublished until years after his death, are characterised by beauty of expression, infinite grace, and a return to the simplicity of the ancient classical poems. Among his finest compositions may be singled out: *Le Jeune Malade*, *Le Mendiant*, *La Liberté*, and his immortal elegy: *La Jeune Captive*.

Coppée (François), born in Paris in 1842, was educated at the *Lycée Saint Louis*. He obtained a subordinate post at the War Office, and soon established his reputation as a poet by the appearance, in 1866, of a collection of short poems entitled *Le Reliquaire*. This was followed by *Les Intimités*, *Poèmes Modernes*, and his well-known *Grève des Forgerons*.

As a dramatist, his career opened brilliantly with *Le Passant*, which was enthusiastically received at the Théâtre de l'Odéon in 1869. Among his other plays may be mentioned: *Le Trésor* (1879), a delightful one-act comedy in verse, much admired for its beauty of diction and purity of tone, and *Pour la Couronne*, a powerful drama, likewise in verse. M. Coppée was elected a Member of the French Academy in 1884.

His numerous works are remarkable for their brilliancy of style and pathos. He loves to depict and embellish the most ordinary subjects, and shows a keen sympathy for the poorer classes and compassion for their unheeded sufferings.

Delavigne (Casimir), born at Havre, 1793, composed in his fourteenth year, whilst at the *Lycée Napoléon*, an ode on the birth of Napoleon I.'s son. In 1818 he produced his masterpiece, *Les Messéniennes*, in which the poet, singing the miseries of invasion, found a ready echo among his fellow-countrymen. This was followed by other patriotic effusions, all of which sank deeply into the heart of the nation and assured his fame.

Some of the poet's finest effects are to be found in his dramatic compositions, notably: *Marino Falieri*, *Louis XI*, and *Les Enfants d'Édouard*.

Worn out by literary labours, the poet died at a comparatively early age, in 1843.

Déroulède (Paul), born in Paris, 1846, was educated at the *Lycée Louis-le-Grand*, the *Lycée Bonaparte*, and at Versailles. He afterwards studied for the bar concurrently with the pursuit of a literary career, and distinguished himself in the Franco-Prussian war of 1870-71.

His *Chants du Soldat*, *Nouveaux Chants du Soldat*, and *Marches et Sonneries* are selections of songs burning with an ardent and aggressive patriotism calculated to arouse the military spirit of the nation. In 1882, M. Déroulède founded the *Ligue des Patriotes*, an association originally intended to appeal to Frenchmen of all shades of opinion, but which developed into a vast political organisation and was eventually suppressed by the government.

F

Deschamps (Émile), was born at Bourges in 1791, and died at Versailles in 1871. Many of his poems are derived from a foreign source, *La Cloche, La Fiancée de Corinthe,* and *Le Roi de Thulé* being founded upon writings of Goethe and Schiller, whilst the *Romancero du Cid* is borrowed from the Spanish. He was one of the chiefs of the modern romantic school, and in collaboration with V. Hugo. A. de Vigny, Ch. Nodier, and others, founded *La Muse Française,* to which he contributed many of his best productions. His style is light and graceful, but beyond a few operatic librettos, his poetical compositions consist mainly of detached pieces.

Dupont (Pierre), was born at Lyons, of humble parentage, in 1821. His early life was one of vicissitudes and hardships.

Poet by inspiration and temperament, yet possessing the instincts of the shepherd and the labourer, his principal compositions are pastorals and songs of peasant life more or less connected with his own rural surroundings. The best known pieces are the following: *Les Bœufs, Les Foins, Les Cerises, Le Bûcheron.*

He is also the author of many socialistic effusions full of philanthropic and benevolent aspirations. After the 'Coup d'État' of 1851, he was condemned and banished on account of his political views, but was subsequently pardoned. He died in 1871.

Gautier (Théophile), born at Tarbes, Gascony, in 1811, was educated at the *Lycée Charlemagne,* Paris, and died at Neuilly-sur-Seine in 1872.

He came to Paris at an early age and at first devoted himself enthusiastically to painting, but, meeting with indifferent appreciation, he speedily turned his attention to literature and soon attained prominence as one of the leaders of the Romantic Movement.

His principal poems have been collected and published in two volumes: *Poésies* and *Émaux et Camées.*

In prose, too, he has written many important novels, tales, books of travel, studies, criticisms, etc.

His style is remarkable for correctness of form, a majestic flow of language, and extraordinary elaboration of detail.

As a poet he perhaps lacks feeling and imagination, but he undoubtedly excels in minute delineations, wealth of imagery and colour, and vivid descriptions. In the *Émaux et Camées* will be found many examples of eight-syllable verse which almost equal Alexandrines in force and grandeur.

Hollard (Mme Henriette), born in Paris, 1840, and died in 1875. Author of *Les Souvenirs d'une Sœur*, a book full of noble sentiments.

Hugo (Victor-Marie), the greatest of modern French poets, was born in 1802 at Besançon where his father was then commandant of the garrison. From his mother, a native of La Vendée, he imbibed the romantic and royalist sentiments which pervade his youthful poems. Before he had completed his tenth year he showed a marked talent for verse composition, and at the age of twelve had written his first tragedy, *Irtamène*. Between 1819 and 1822, he sent in three admirable poems to the *Académie des jeux floraux* at Toulouse, each of which obtained a prize. These were followed by the first volume of the *Odes et Ballades*, which at once established his reputation and gained for him the friendship of the most influential literary men of the time, together with a small pension from Louis XVIII.

Then appeared a series of masterpieces: the *Orientales, Les Feuilles d'Automne, Les Chants du Crépuscule, Les Voix Intérieures, Les Rayons et les Ombres, Les Contemplations*, and last, but not least, the splendid series of *Légendes des Siècles*.

The bitter opponent of Napoleon III., he was exiled after the 'Coup d'État' of 1851, and remained out of France during the whole period of the Second Empire, spending most of his time in Jersey and Guernsey.

Victor Hugo's supremacy lay in a stupendous wealth of colour and imagery, together with a most brilliant imagination served by an extraordinary command of language. In the words of Longfellow: 'France has waited till this century for her poet of widest range, of most musical tongue, a mighty-voiced inventor of harmonies.' His compositions on childhood are probably unsurpassed by any author for pathos, tenderness, and delicacy of touch.

Victor Hugo's name is identified with the Romantic Movement which was a reaction against the rules and traditions of the classical age. A too rigid observance of the precepts laid down by Boileau in his *Art Poétique* had caused French verse to become monotonous and mechanical. Victor Hugo's exuberant genius broke through the fences raised against originality. He ignored the artificial distinctions between so-called poetical and unpoetical terms, choosing those which gave more life and colour to his lines, and by resorting to the enjambement and occasionally changing the position of the cæsura, he widened the field of poetical expression. The champions of the classical school made a desperate stand against such innovations, the opposing parties even coming to blows on the occasion of the first performance of *Hernani*, but the reformers eventually established their supremacy.

In addition to his numerous poems Victor Hugo is the author of several world-famed novels, notably: *Notre-Dame de Paris*, *Les Misérables*, and *Les Travailleurs de la mer*, besides many well-known tragedies in verse. Among the latter may be mentioned: *Cromwell*, *Hernani*, *Marion Delorme*, *Le Roi s'amuse*, *Ruy Blas*, etc.

He was elected a member of the French Academy in 1841, and a life-Senator in 1876. He died in 1885.

Lamartine (Alphonse-Marie-Louis Prat de), was born at Mâcon in 1790, and died in 1869. He passed his childhood on his father's estate at Milly, and completed his education under clerical direction, at Belley. From 1815 to 1820, most of his time was spent in travel, pleasure, and idle reveries. He had much difficulty in finding a publisher for his first volume of poetry, *Méditations poétiques*, although the collection undoubtedly contains some of his finest compositions, including *L'Isolement*, *Les Désespoirs*, *Le Lac*, *Le Crucifix*, etc. Its appearance, in 1820, launched him into fame, and obtained for him the post of attaché to the French Embassy in Italy. A second series of poems, entitled *Nouvelles Méditations poétiques*, was produced in 1823, followed by the *Harmonies poétiques*,—which secured his election as member of the French Academy in 1830,—two narrative poems: *Jocelyn* (1836) and *La Chute d'un Ange* (1838), and in 1839, his last important collection of verse, *Recueillements poétiques*. About this time he commenced to take an active and distinguished part in politics, and most of his subsequent literary efforts are in prose. The most remarkable of these is the famous *Histoire des Girondins*, an eloquent but inaccurate composition, in which the author, whilst depicting with great vividness the horrors of the Revolution, seeks to excuse the excesses perpetrated by some of its most criminal leaders.

Lamartine's poems, although, doubtless, lacking in variety of tone and subject, command admiration by their harmony, exquisite softness and refined sentiment. He is, perhaps, of all poets, the writer of the most melodious verse, often rivalling musicians in the art of conveying by means of sounds the sweetest and saddest emotions of the heart.

Lemoyne (André), was born at Saint-Jean-d'Angély in 1822. He first obtained distinction by his contributions to the *Revue de Paris* and other leading French magazines, many of which were afterwards republished in book form under the title of the principal poems of the collection—*Ecce Homo—Renoncement*.

He has also written: *Les Charmeuses, Légendes des Bois*, and *Chansons marines*, in all of which are contained many charming pieces descriptive of the beauties of nature.

Manuel (Eugène), born in Paris, 1823, became *Professeur*, and afterwards *Inspecteur Général* of the French University, in which capacity he showed great skill in organisation, and the carrying out of important reforms in methods of instruction.

His fame, however, rests upon his poetic talent. Among his more important works may be mentioned: *Les Ouvriers*, a successful drama in verse, *Les Absents*, and collections of popular and familiar poetry, written in the form of narratives, elegies, and lyrics (*Pages intimes, Poèmes populaires Pendant la guerre*, etc.). He has taken his themes from the, most ordinary incidents of every-day life, and has given poetic expression to the feelings of humbler folk. His style is distinguished by its precision and a total absence of affectation.

Moreau (Hégésippe), son of a poor professor, and an orphan from early childhood, was born at Provins in 1810. He struggled hard to earn a mere pittance, first as a printer's compositor, then as a school usher, and occasional contributor to minor journals.

His career, a most promising one, was prematurely cut short. Failing to meet with the appreciation to which his writings so justly entitled him, he fell ill, and died brokenhearted in the hospital of *La Charité* at the early age of twenty-eight.

His poems are remarkable for their tenderness and refinement. They have been collected and published under the title of *Myosotis*.

Musset (Louis-Charles-Alfred de), was born in Paris, 1810. After trying various professions—medicine, law, painting, etc.—he devoted himself entirely to the pursuit of literature. Encouraged by V. Hugo and C. Nodier, he made his début in 1830 with the *Contes d'Espagne et d'Italie*, a collection of stories in verse dealing with love, revenge, and jealousy, neither very

moral nor very lofty in tone, but which revealed at once the
exceptional talent of the young poet. A second series of
poems appeared some two years later, followed by a number of masterly contributions to the *Revue des Deux Mondes*,
between 1835 and 1840, including *Une bonne Fortune, Ode à
la Malibran, L'Idylle, Les Nuits, Lettre à Lamartine, L'Espoir en Dieu*, etc., etc. These were afterwards collected, and
are now published in the volumes of *Premières Poésies* and
Poésies Nouvelles.

Apart from *Les Nuits* and some of his beautiful lyrics, much
of A. de Musset's best work will be found in his *Comédies et
Proverbes*—notably: *André del Sarto, Les Caprices de
Marianne, On ne badine pas avec l'amour, On ne saurait
penser à tout*, and *Il faut qu'une porte soit ouverte ou fermée*
—all of which are admired for their ease, grace, freshness,
refined wit, and animated dialogue.

The prominent qualities of the poet's writings are truth-
fulness, depth of feeling, purity and grace of style, a vivid
delineation of passions, and an extraordinary vigour of
expression. An unfortunate attachment to George Sand
embittered the whole of his life, and his chagrin has given the
key-note to many of his later poetical compositions. Nearly
all his verse was published before he had attained his
thirtieth year.

A. de Musset has also written several prose works, including
*La Confession d'un Enfant du Siècle, Croisilles, Pierre et
Camille, Histoire d'un Merle blanc*.

Nadaud (Gustave), born at Roubaix in 1820, received his education
at the *Collège Rollin*, Paris. He came from a family most of
whose members were engaged in trade, and it was intended
that he, too, should follow a commercial career. For this,
however, he soon evinced a marked dislike, and in 1849 gave
himself up entirely to song writing. His early attempts soon
attracted attention, their publication in book form meeting
with immediate success. Many of the songs have likewise
been published separately with beautiful musical accompani-
ments of the poet's own composition. His reputation as a
charming *chansonnier* was quickly established, and in 1861
he received the decoration of the Legion of Honour.

His songs are of the most varied description—light and
popular ballads, comic *chansonnettes*, humorous satires, etc.
Among others may be mentioned: *Le Docteur Grégoire*, and
Pandore, ou les deux Gendarmes, the latter a *plaisanterie*
which, at the time of publication, was taken rather seriously
by the police.

Ponsard (François), was born in 1814, at Vienne in the south of France, and died at Passy, near Paris, in 1867. He studied at the *École de droit*, Paris, and was called to the bar in 1837, but soon abandoned the legal profession and produced in 1843 his first tragedy, *Lucrèce*, which met with an enthusiastic reception and gained for the author a prize of 10,000 francs awarded by the French Academy. The play, nevertheless, is only a moderate production, much of its popularity being due to the support accorded to Ponsard by those who looked upon him as the champion of the classical school of dramatists opposed to Victor Hugo, the leader of the Romantic movement.

Agnès de Méranie, a tragedy taken from mediæval history, and *Charlotte Corday*, a noble drama in verse, remarkable for historical accuracy and perfection of style, were both indifferently received, but *L'Honneur et l'Argent*, a comedy in verse, distinguished alike for its purity and lofty moral tone, was rapturously applauded on its first appearance in 1853, and secured for the poet, some two years later, a seat in the French Academy.

In 1866, Ponsard produced the *Lion amoureux*, an historical comedy of the Revolution period, and perhaps the finest of all his compositions. His last work, *Galilée*, a drama in verse, was brought out at the *Théâtre français* while the author lay on his death-bed, a prey to a cruel disease.

Pontavice de Heussey (Du). Born in 1820. A Breton poet, best known for his *Etudes et Aspirations*, a collection of poems characterised by great vividness of style and some daring views on the present social system.

Pressensé (Madame de), was born in 1826 at Yverdon, Switzerland. Her popularity is due mainly to her charming family stories (*Rosa, Seulette, Pré aux Saules, Journal de Thérèse, etc., etc.*). Her poems are distinguished for their beautiful simplicity and high moral tendency.

Prudhomme (Sully), born in Paris, 1839, was elected a member of the French Academy in 1881. A poet and philosopher, his poetical compositions are distinguished for their depth of thought, lofty tone, delicacy of sentiment, and a classical purity of form.

The following are among his best works:—*Stances et Poèmes* (1865); *Les Épreuves* (1866); *Les Solitudes* (1869); *Les Destins* (1872); *Les Vaines Tendresses* (1875); *Le Bonheur* (1888).

Theuriet (André), was born at Marly-le-Roi, near Versailles, in

1833. He was educated at Bar-le-Duc, and in 1856 went to Paris to read for the bar. Having gained the degree of *licencié en droit* he obtained a post at the *Ministère des Finances* and made a successful début with the appearance of his *In Memoriam* in the *Revue des Deux Mondes*. Other poems quickly followed, notably *Le Chemin des Bois*, crowned by the French Academy, and *Les Nids*—both containing beautiful pictures from nature, remarkable alike for their freshness and richness of colour.

M. Theuriet's writings deal principally with provincial life; they bear testimony to the author's skill in the delineation of character and reveal his passionate love for woodland scenery which he knows so well how to depict in all its various aspects. Among his best prose works may be mentioned: *Sous Bois, Les Enchantements de la Forêt, L'abbé Daniel, L'oncle Scipion*. M. Theuriet was elected a member of the French Academy in 1898.

Tournier (Louis), author of *Les Premiers Chants* (1867), a charming collection of poems for the young, full of grace and moral aspirations.

Verlaine (Paul), was born at Metz in 1844 and died in 1895. Like himself, his poetry is thoroughly bohemian in character: a peculiar mixture of sensuality and mysticism. He seems to have striven continuously after original effects, much to the detriment of his style, which is often painfully diffuse. Nevertheless, his compositions, as a whole are remarkable for beautiful harmonies, and, at times, deep inspiration.

Vigny (Alfred de), was born at Loches (Indre et Loire) in 1799. He entered the army as lieutenant in 1814, but soon after resigned his commission, to devote himself exclusively to literature. His first attempts met with indifferent success, although many of his early poems abound in eloquent passages, *Eloa* especially being remarkable for its sincerity and depth of feeling. A second collection, *Poèmes antiques et modernes*, published in 1826, met with due appreciation, and a third volume, *La Destinée*, appeared after his death.

A. de Vigny's verse consists, in all, of some thirty pieces, which are distinguished by vigour of expression, noble sentiments, and the harmonious beauty of the lines.

His principal prose work, *Cinq-Mars*, is an historical novel in which fiction is freely intermingled with fact.

A. de Vigny was elected a member of the French Academy in 1845, and died in Paris, 1863.

A PHRASEOLOGICAL FRENCH-ENGLISH VOCABULARY

arranged in the order of the text.

1. **Un Songe.**—Songe, dream. laboureur, ploughman. fais, make. gratte, scrape (*i.e.* till). semer, to sow. tisserand, weaver. truelle, trowel. genre humain, human kind. dont je traînais partout, etc., whose implacable anathema I was carrying (lit. dragging) everywhere. des lions debout sur mon chemin, lions standing in my path [meaning that a terrible death is menacing him]. si l'aube était réelle, whether I was awake (lit. if the dawn were real). hardis compagnons, fearless fellows. sifflaient, were whistling. échelle (*f.*), ladder. métiers (*m. pl.*), looms. bourdonnaient, were humming. Je compris, I understood. au siècle où nous sommes, in the present age. nul, no one. se vanter, to boast. se passer de, to do without.

2. **Clair de Lune.**—[*N.B.* Note the exquisite softness of this piece.] Clair de lune, moonlight. luit, shines. de, from. une voix part, a voice rises. ramée, foliage. bien-aimée, beloved. étang (*m.*), pond. silhouette, outline. saule noir, dark willow. pleure, moans. rêvons, let us dream. c'est l'heure, (now) is the time. tendre apaisement, sweet serenity. que l'astre irise=which the moon tinges with the hues of the rainbow.

3. **Appareillage.**—Appareillage, getting under sail. navire, ship. prêt, ready. course lointaine, long voyage. à qui s'en va de, to (those) who leave. levons l'ancre, let us weigh anchor. matelots (*m. pl.*), sailors. cabestan de chêne, oaken capstan. rude, mighty. tirent, pull. lourde, heavy. qui s'attache avec l'ancre, etc., which is fastened by the anchor to the sand which it (the anchor) grips. Translate : by the anchor embedded in the sand. c'est qu', it is because. s'accroche, clings. à tout le cœur humain, to all (the fibres of) the human heart.

4. **Atterrissage.**—Atterrissage (*m.*), landing. au retour, on returning. on voulut, one (*i.e.* the traveller) wished. échappé . . . au vent qui vous poursuit, (having) escaped from the raging winds. peine (*f.*), difficulty. doux, sweet, le bord qui vous vit naître, your native shores. soleil riant, radiant (lit. laughing) sunshine. reconduit, leads back. sans bruit, quietly. que la clarté d'une lampe qui luit rougit, aglow with the bright light of a lamp. riches voiles (*f. pl.*), rich veils, *i.e.* splendid nights. scintillement, scintillation. digne, worthy. qui brille, shining. sans se douter, without suspecting. de retour, back.

5. **Les Yeux.**—Tous aimés [meaning that every child has been loved, at least by its mother]. **sans nombre,** innumerable. **aurore** (*f.*), dawn, *i.e.* light. **au fond des,** at the bottom of the, *i.e.* in the. **se lève encore,** still rises. **enchanté,** delighted. **toujours,** still. **se sont remplis,** etc., are filled with (the) shadow (of death). **Oh! qu'ils aient perdu,** etc.=Oh non! il n'est pas possible qu'ils aient perdu, etc. **regard,** sight. **se sont tournés,** turned. **quelque part,** somewhere. **vers ce qu'on nomme l'invisible,** towards what is called the invisible (world). **astres penchants,** waning stars. **demeurent au ciel,** remain in the sky. **les prunelles** (*f. pl.*), the pupils (*i.e.* eyes). **couchants** (*m. pl.*), setting. **aurore** (*f.*), aurora (*i.e.* the dawn of immortality). **de l'autre côté,** on the other side. **les yeux qu'on ferme,** the eyes of the dead.

6. **Carcassonne.**—[Carcassonne, chief town of the department of Aude in the south of France, situated some fifteen miles north of Limoux, near to which place the old man, in this elegy, is supposed to be dwelling—see lines 1 and 2 of the last stanza.]—**Je me fais vieux,** I am getting old. **sans avoir . . . pu,** without being able. **envie** (*f.*) desire. **ici-bas,** here below (*i.e.* in this world). **vœu,** wish. **ne s'accomplira pas,** will not be realised. **de là-haut,** from up there. **pour y parvenir,** to get there. **faire,** to walk. **cinq grandes lieues** (*f. pl.*), fully five leagues. (See note on Carcassonne.) **autant,** as much. **vendange,** vintage. **le raisin,** the grapes. **ne veut pas jaunir,** will not turn yellow (*i.e.* will not ripen). **ni plus ni moins que les,** just as on. **gens** (*m. pl.*), people. **s'en aller sur,** strolling about. **cours,** public walk. **châteaux** (*m. pl.*), palaces. **évêque,** bishop. **je ne connais pas,** (and to think) I do not know. **vicaire,** curate. **a . . . raison,** is right. **c'est des imprudents** etc.=nous sommes des imprudents (foolish people).— [The old man speaks ungrammatically; c'est should be ce sont before a plural noun, but even then the phrase would be incorrect.] **oraison** (*f.*), sermon. **perd les hommes,** ruins men. **pouvais trouver,** could find (*i.e.* spare). **pourtant,** yet. **Mon Dieu! que je mourrais content,** Dear me, how content I should die. **Mon Dieu!** Lord. **plus haut que soi,** above oneself. **vieillesse** (*f.*). old age. **Narbonne,** [French town some forty miles from Carcassonne, and about forty-five miles from Limoux]. **voyagé jusqu'à,** travelled as far as. **filleul,** godson. **Perpignan,** [chief town of the Pyrénées-Orientales, some forty-five miles from Carcassonne, and forty miles from Limoux]. **courbé,** bent. **lendemain,** following day. **que le Bon Dieu,** may God. **à moitié chemin,** half-way.

7. **La Chanson du Vannier.**—**Vannier,** basket-maker. **brins d'osier,** willow-twigs. **assouplis sous,** made pliable under (*i.e.* shaped by.) **doigts** (*m. pl.*), fingers. **frêle,** fragile. **berce,** rocks. **aux sons,** to the tune. **la lèvre,** his lips. **toute blanche de,** quite white with. **s'endort,** falls asleep. **en souriant,** smiling. **couche légère,** light bed=light cradle. **panier,** basket. **plein,** full. **fraises vermeilles,** bright red strawberries. **s'en vont cueillir,** go and gather. **taillis** (*m. pl.*), coppice. **rieuses,** laughing. **au logis,** to their homes. **mûrs,** ripe. **s'exhale,** rises. **corbeille,** (shallow) basket. **van,** winnowing basket.

VOCABULARY 91

fermière alerte, nimble farmer's wife. **fait bondir**, makes jump, i.e. tosses. **froment**, wheat. **qu'ont battu, etc.**, which the flails have thrashed. **tandis qu'à ses côtés**, whilst by her side. **moineaux** (*m. pl.*), sparrows. **se disputent**, are fighting for. **lorsque les vignes s'empourpreront**, when the vines (*i.e.* grapes) turn purple. **vendangeurs** (*m.'pl.*), vintagers. **coteaux** (*m. pl.*), hillsides. **lierez**, will bind. **cercles** (*m. pl.*), hoops. **tonneaux** (*m. pl.*), casks. **rougit**, reddens. **douves** (*f. pl.*), staves. **bouillonne**, bubbles. **nasse**, bow-net. **milieu**, midst. **roseau**, reed. **la truite**, the trout. **file entre deux eaux**, swims along under water. **s'enforce**, penetrates. **tout à coup**, suddenly. **se débat frémissante**, struggles, wriggling (trans. wriggles frantically). **claie** (*f.*), hurdle. **où ... l'étend**, whereon one stretches him=upon which he is laid. **cercueil**, coffin. **convoi**, funeral procession. **se répand ... dans**, spreads along. **sentiers** (*m. pl.*), footpaths. **où verdit l'oseraie**, where the osier land grows green=in the verdant osier land.

8. LE ROI D'YVETOT.—[Yvetot, an old town in the Seine-Inférieure, some twenty miles south of Dieppe. Being what is termed a *terre de franc alleu*, it was in olden times exempt from the payment of taxes to the Kings of France, and in consequence was looked upon as an independent domain, the Lord of which was humorously styled *Roi d'Yvetot*. The title was recognised by Kings of France from the fourteenth to the sixteenth century. It was afterwards changed into *Prince Souverain*, the last holder of which died as recently as 1835.]— **Il était**, there was. **tard**, late. **couchant tôt**, going to bed early. **fort bien**, quite well. **couronné de**, crowned by. **Jeanneton** (name of his servant). **d'un simple bonnet de coton**, with a mere nightcap. **c'était là!** he was! **faisait**, made (*i.e.* took). **repas** (*m. pl.*), meals. **palais de chaume**, thatched-roof palace. **âne**, donkey. **parcourait**, rode over. **croyant le bien**, having faith in the goodness (of human nature). **pour tout garde**, for all (his) body-guard. **il n'avait de goût onéreux qu'**, he had no costly taste but. **une soif un peu vive**, a rather keen thirst. **en rendant**, whilst making. **il faut bien, etc.**, a king must live. **suppôt** (*m.*), attendant. **muid** (*m.*), cask. **un pot d'impôt**, a tax of one jugful. **n'agrandit point**, did not enlarge. **États** (*m. pl.*), dominions. **fut un voisin commode**, was an easy-going neighbour. **prit le plaisir pour code**, made pleasure his law. **conserve encor**, still preserve. **enseigne**, (*f.*), signboard. **cabaret**, inn. **foule**, crowd. **s'écrie**, exclaim. **buvant**, drinking. **devant**, in front of (it).

9. LE BON GÎTE.—**Le bon gîte**, good lodgings. **il fait assez chaud**, it is warm enough. **laisser tomber la flamme**, let the fire go down. **ménage**, save. **séché**, dried (*i.e.* dry). **jette un fagot**, puts on a faggot. **range la cendre**, arranges the ashes. **chauffe-toi**, warm thyself. **jambon**, ham. **étape** (*f.*), halting-place. **veux-tu bien**, will you please. **m'ôter**, remove [m' is merely for emphasis]. **n'en veut rien faire**, will do nothing of the kind. **taille**, cuts. **refais-toi**, refresh thyself. **draps** (*m. pl.*), sheets. **foi**, faith. **tu n'y penses pas!** =what are you thinking of? **étable** (*f.*), stable. **paille**, straw. **à sa taille**, to one's size. **qui n'en veut démordre**, who will not let go (*i.e.* would accept no refusal). allons=now. sac, knapsack. lourd, heavy. veille, day before. gâter, to spoil. moitié larme, half-tear (i.e. half-crying). gars, boy.

10. **UNE APPARITION.**—[A. de Musset was a victim to strange delusions and fancied he saw his own ghost on many occasions. 'The narrative of these frequent meetings with this dream-like mystery is full of prolonged and pathetic sweetness. The reader wonders with the poet who is this ever-present uncommunicative vision.'—(C. F. Oliphant.)— Du temps que, when. écolier (m.), schoolboy. restais, remained. à veiller, sitting up. salle (f.), room. vint s'asseoir, came and sat. vêtu de, dressed in. à la lueur, by the light. pencha son front,= laid his head. jusqu'au, until the. j'allais avoir quinze ans, I was nearly fifteen. lent, slow. bruyère, heath. chemin, way. luth, lute. églantine (f.), sweet briar. salut d'ami, friendly nod. se détournant à demi, half-turning round. me montra du doigt la colline, pointed to the hill. où, when. croit à, believes in. pleurant, weeping over. misère, sorrow. au coin de, by the side of. étranger, stranger. morne et soucieux, mournful and anxious-looking. glaive, sword. peine, grief. poussa, heaved. soupir, sigh. s'évanouit, vanished. à genoux (m. pl.), kneeling. venait de mourir, had just died. chevet du lit, head of bed, transl. bedside. orphelin, orphan. noyés de pleurs (m. pl.), drowned (i.e. flooded) with tears. douleur, sorrow. couronné d'épine, crowned with thorns. gisant (from gésir), lying. pourpre, purple (mantle). poitrine, breast. je m'en suis si bien souvenu, I remembered it so well. reconnu, known again. à tous les instants, at all times. ombre amie, friendly vision. las de, weary of. pour renaître, in order to revive. en finir, to die. espérance, hope. en face, on the banks. au penchant, on the slopes. au fond, in the recesses. au sein, in the heart. citronniers (m. pl.), lemon trees. pommiers, apple trees. affreux, frightful. Lido, a group of islands near Venice. où la pâle Adriatique vient mourir sur, etc. where the pale Adriatic dies away, (i.e. ends) at the foot of a grassy tomb. partout où, wherever. j'ai lassé, I wearied. saignant, bleeding. éternelle plaie, never-healing wound. le boiteux Ennui, halting Melancholy. m'a promené sur une claie=carried/me about (like a doomed man) on a sledge. [Sledge, in this sense, is a hurdle on which criminals formerly were dragged to a place of execution]. le long des chemins (m. pl.), along the roads. posé mon front, laid (i.e. buried) my face. sangloté, sobbed. laine, wool. buisson, hedge. j'ai senti mon âme se dénuer, I felt my soul stripped (i.e. bereft of its affections or illusions). j'ai touché la terre, I have set foot. malheureux, woeful-looking creature.

11. **MES BŒUFS.**—[This piece is characteristic of the love of the French peasant for his land and cattle]. Marqués de roux, patched with red. charrue, plough. bois d'érable, maple-wood. aiguillon (m.), goad. houx (m.), holly. soins (m. pl.), labour. gagnent, earn. plus d'argent qu'ils n'en ont coûté, more money than they cost. creuser, to plough. tracer droit, furrow straight. qu'il fasse, whether it be. brouillard, vapour. sort, comes out. naseaux (m. pl.), nostrils. corne, horn. se poser, perch. pressoir d'huile, oil-press. les marchander, to

bargain for. dans nos cantons, in our district. Tuileries, [formerly a royal palace in Paris]. Mardi-gras, Shrove Tuesday [on which day the streets of Paris are paraded by a carnival procession, the chief feature of which is a fat ox]. boucheries (f.), slaughter-houses. dot (f.) dowry. laissons, let us leave alone. et ramenons, and take back.

12. SUR LA MORT d'une jeune fille de sept ans.—Lorsque ma voix qui prêche, when my remonstrating voice. ennuyait, bored. sur, over. rose, rosy. noir oiseau des morts, evil bird of death. planait inaperçu, hovered unseen. guettait, was watching. mis, laid. moussé, moss. ris (m. pl.), peals of laughter. auraient sonné, would have rung out. j'aurais fait tenir, etc., I should have caused a treasure of immense joy to be contained in, etc. (i.e. should have filled your short life with boundless joy). à faire envie aux heureux, etc., even to excite the envy of those who have enjoyed a century's bliss. loin, far. bancs (m. pl.), forms. pâlit, gets pale, i.e. pines. enfance prisonnière, imprisoned childhood (i.e. children). faire ... l'école buissonnière, to play truant. vidé, emptied. nid, nest. emplir, to fill. corbeille, basket. abeille, bee. n'en peut voir, can visit. quand le vieux janvier ... minuit sonnant, accourt, when old (father) January (i.e. Santa-Claus), at stroke of midnight, arrives. épaules, shoulders. neige, snow. suivi de, attended by. poupée, doll. magot, puppet. pantin, dancing-jack. au milieu, among. cadeau, present. pleuvent, pour down. étrenne (f.), New Year's gifts. au milieu, in the midst. avenir (m.), future. je le pressais d'éclore, I hastened its dawning (lit. I was pressing it to bloom). un long espoir déçu=the blighting of a long hope, i.e. prospect. à la fois, at the (same) time.

13. LE PHARE.—Phare, lighthouse. ouragan (m.), hurricane. lueur, light. éclair, flash of lightning. dessine, shows up. rocher, rock. domine, rises above. flanc noir, dark sides. argenté par l'écume, silvered with foam. fume éternellement d'une vapeur guerrière, ever reeks with a warlike vapour (i.e. angry spray). virilité, strength. debout, upright. pans, flanks. coupés à pic, cut perpendicularly = precipitous. pointes, peaks. font face à, brave. déchirent, break up. rafales (f. pl.), squalls. Dieu du sombre, transpose: Dieu est l'unique témoin (witness) du sombre duel. flot, billows. repoussés au large, repulsed (i.e. forced back) to the ofling. vague, wave. revient, returns. vaillant, doughty. pierre, stone. blessé, wounded. devoir, duty. retient, keeps. poste avancé, outpost. l'air (m.), the winds. n'importe, no matter. hier, yesterday. aujourd'hui, to-day. des eaux (f.pl.), =of the deep. qu'on nomme, whose name is. voilà si longtemps qu', it is now such a long time that. bruit, noise, i.e. roar. rejette, has been driving back. envahir, to invade (i.e. to storm). devrait se lasser, ought to be tired. se courber, to yield. lutteur stupide, obstinate fighter. aux blessures profondes, with your deep wounds. ne vaudrait-il pas mieux, would it not be better. ondes (f. pl.), waves. te rendre, to surrender. descendu dans, fallen into. gouffre, abyss. oubli, oblivion. le fait accompli, the inevitable. à quoi bon, of what use (is it). t'obstiner contre, to set yourself against. porte, I hold.

14. LA JOIE DU FOYER.—Paraît, appears. à grands cris, loudly. briller, to sparkle. front, forehead. souillé, sullied (*i.e.* guilty). se dérident, unbend, cheer up. soit que, whether. verdi, covered with verdure. seuil, threshold. vaciller, to flicker. éclaire, brightens, cheers up. on se récrie, they cry out in admiration. remuant la flamme, stirring the fire. patrie, mother country. adieu, good-bye to. causerie, conversation. souriant, smiling. fange, (*f.*), mire. à l'auréole, with a halo. colombe, dove. arche (*f.*), ark. corps (*m.*), body. immonde, unclean. pleurs (*m. pl.*), tears. apaisés, appeased (*i.e.* dried up). errer, to wander. vue, sight, eyes. ravie, delighted. baiser, kiss. Seigneur, Lord. mal, iniquity. vermeil, red. ruche, hive. abeille (*f.*), bee.

15. LA BATAILLE.—Là-bas, yonder. vers, towards. pays herbeux, grassy land. lente et comme désœuvrée, slow and lazy as it were. laisse boire, allows . . . to drink. gué, ford. troupeaux, herds. fut livrée, was waged. ciel de printemps, spring weather. sauvage, wild. s'épanouissait, was opening. flétrie en peu d'instants, withered in a few seconds. noya, drowned. sang du rivage, blood (which deluged) the shore. dura, lasted. aube (*f.*), dawn. surprise, caught (*i.e.* hit). vol (*m.*), flight. riches scarabées, richly-coloured beetles. papillons, butterflies. striés de, streaked with. se trainèrent, crawled. mourants, dying. elle roulait du sang, lit. it was rolling blood (*i.e.* reddened with blood). martin-pêcheur, kingfisher. en souilla, stained with it. saule penché, drooping willow. bouleau frémissant, rustling birch tree. essayèrent, tried. image (*f.*), reflection. biez du Moulin Neuf, pond of the New Mill. sol, soil. piétiné, trodden. ornières creusées, ruts (were) cut (*i.e.* by the wheels of gun-carriages, etc.). bourbiers sinistres miroitants, hideous glittering quagmires. s'étaient hardiment écrasées, valiantly crushed each other. apaisé son bruit, lit. quieted its din, *i.e.* when the din of the battle had died out. pris de, seized with. gisaient (fr. gésir), were lying. par milliers (*m. pl.*), in thousands. éteints, silenced. bannières froissées, rumpled colours. épars confusément, scattered about in confusion. dont les grands yeux ouverts, whose glaring eyes. n'avaient plus de pensées, were devoid of thought, *i.e.* expression. au hasard, promiscuously. paisibles veilleuses, peaceful watchers. champs du combat, battlefield. bien des, many. baignant, flooding. gazons, swards. clartés, lights. berger, shepherd. côtoyant, skirting. sommeillaient, slumbered. gosier d'oiseau, musical throat. retenant, keeping back. suivirent tout songeurs, followed dreamily. aux pas graves, slow-stepping.

16. LA LIBELLULE.—[A fine specimen of imitative poetry.] Libellule, dragon-fly. bruyère arrosée de rosée, heath sprinkled with dew. buisson d'églantier, briar bush. ombreuses futaies (*f. pl.*), (tall) shady trees. baies (*f. pl.*), berries. croissant, growing. bord, side. sentier, path. penche son front rêvant, bends her dreamy brow (*i.e.* head). seigle, rye. houle, swell=waves. que le caprice ailé du vent déroule, which the winged caprice of the wind rolls on and on. prés (*m. pl.*), meadows. colline, hill. s'incline, slopes down. bariolé de, chequered with. guirlandes (*f. pl.*), garlands. landes (*f. pl.*), moors.

orme, clm. demoiselle, dragon-fly. se berce, hovers (lit. rocks itself).
s'il perce . . . un rayon d'or, etc., if there pierce through the mist at
the edge of the sky, etc.=if a golden ray pierces through the mist on
the horizon. brille, shines. regard, glance. Ariel (angel of Lucifer).
charmilles (*f. pl.*), hornbeam groves. familles (*f. pl.*), swarms.
bourdonnants moucherons, buzzing gnats. se mêle, mingles (*i.e.* takes
part). ronde vagabonde, roving rounds. décrit des ronds, moves
in circles. roue, wheel (*i.e.* curve). s'élançant, spurting. s'écoule,
flows. ruisseau bruissant, gurgling stream. plus rapide, swifter.
brise, breeze. frise, skims. où le saule au front soucieux se mire et
s'admire, where the willow with its melancholy head looks at itself
in admiration. grise hirondelle, grey swallow. passe auprès d'elle,
passes near her. ride à plis d'azur l'onde claire, ruffles the limpid
stream with blue ripples (*i.e.* makes blue ripples on the crystal
stream). chasse circulaire, whirling chase. s'enfuit, flies away.
vol sûr, sure flight=sure wing. de moire, of watered silk; (transl.
rippling). coteaux (*m. pl.*), slopes. nuage, cloud. large espace, vast
expanse. monts (*m. pl.*), mountains. anguleux, rugged. où la demoiselle nacrée, diaprée de reflets roses et verts, promène ses
caprices, where the pearl-like dragon-fly, chequered with rose and
green hues,'gives free play to its fancies, aërial flowers (the elegant
curves described by the dragon-fly in its fanciful flight are compared by the poet to aerial flowers).

17. LE SOMMEIL DE BÉBÉ.—Sommeil, sleep. alcôve (*f.*), recess. humble
autel, humble altar [*i.e.* a table with a crucifix before which the
mother says her prayers]. à l'ombre, in the shadow. tandis que,
whilst. paupière, eyelid. pour la terre close, closed to the world.
rêves (*m. pl.*), dreams. sable, sand. grève, beach. soleils de flammes,
glorious sunshine. âmes (*f. pl.*), souls=cherubs. sort, rises. fond,
depths. plus belles, more beautiful (than in reality). aile (*f.*), wing.
lis (*m. pl.*), lilies. plein (*prep.*), filling (transl. the corridor replete
with lilies, etc.). de délice, delightful. glisse, glide. l'onde se
plisse, the water ripples. à des roseaux d'or, against golden
reeds. où s'en vont tes jours, where thy days (=life) are going (*i.e.*
what thy future will be). algue morte, dead sea-weed (*i.e.* floating
sea-weed). vas, driftest. que t'importe, what matters it to thee.
emporte, carries away. étude (*f.*), study. en chemin, on the way.
inquiétude (*f.*), anxiety. à la froide main, with its chilly hand.
ongle aride, dried up nail. front, brow. ride (*f.*), wrinkles. sort,
fate. humains (*m.' pl.*), mortals. baisent, kiss. lèvres (*f. pl.*), lips.
effleurent, touch. miel (*m.*), honey. Gabriel,'[the child is supposed
to know the name of the angel who visits him in his sleep]. couche,
bed. croit, thinks. chimère, nightmare. fière, proud (*i.e.* proudly).
l'entend qui soupire, hears him sighing.

18. LA MORT D'UN BOUVREUIL.—Bouvreuil, bullfinch. par instants,
at times. perd, lose (*i.e.* forget). un rien, a trifle. les ramène, brings
them back. fusil, gun. chasseur, huntsman. coup, shot. parti du,
proceeding from the. viennent de réveiller, have just awakened.
remords d'autrefois, old remorse. semé, sown. perles (*f. pl.*),
pearls, *i.e.* dew-drops. courais, was scouring. à la piste, in the

track=on the look out for. merle, blackbird. vacance (*f.*), holiday.
air=breeze. espoir (*m.*), hope. rapporter, to bring back. butin,
booty, *i.e.* game. thèmes (*m. pl.*), exercises. enivraient, intoxicated.
mes quinze ans=my youth. tel, such, *i.e.* in this manner. joyeux,
blithe. poitrail, breast. l'œil en feu, with fiery eyes. jetait, was
pouring out. que l'arme brutale interrompit soudain, which the
brutal fire-arm, etc. plomb, shot. atteignit, hit. tout sautillant
et vif, hopping about and full of life. gosier saignant, bleeding
throat. sortit, came out. quelque duvet, a little down. vola
de, flew from. poitrine, breast. quittant, falling off. branche
fine, slender twig. dans les jones, into the rushes. buis, box tree.
souillés de son meurtre, stained with his blood (lit. murder). bon
mouvement, good impulse. sur notre âme, over our spirit, *i.e.* over
us. rougir, blush. la honte, etc., shame is a scoffer who accuses (us).
mon cœur, à moi chanteur, my heart, which is a singer's heart.
s'attendrit bien souvent, is often moved. frère ailé, winged brother
[meaning that the bird and the poet are brothers in song, and that
the former is possessed of wings]. versai, poured out. déposai, laid
down. perdu, shed in vain. profaner, desecrate. pitié des, pity on
the. pauvret (*m.*), poor little (creature). doux, compassionate. dur
siècle, hard century (*i.e.* callous age). où nous sommes, in which
we live.

19. **Marine.**—Marine=sea-song. Sombre, dark (in colour). falaises
(*f. pl.*), cliffs. que, how. pêcheur, fisherman. mélèze, larch (tree).
lointaine fraîcheur, far-reaching coolness. rivages (*m. pl.*), shores.
promener, lit. take out (*i.e.* stroll wrapped up in) my fondest
dreams. j'aime, de toi, etc., lit. I like, of thee, even thy ravages (*i.e.*
anger). souffrant, aching. s'apaise, is soothed. bruit, sound. près
de, by the side of. flots amers, bitter (*i.e.* briny), waves. j'épuiserais,
I would spend. à voir, in watching. s'enfler, swell. frissonne,
shudders. ravie, enraptured. sais donner, knowest (how) to impart.
aux lueurs des éclairs, by the flashes of lightning. la langueur
de leur onde, their languid waves. moitié, half. monde, world.
front s'égaie, face brightens up. épanoui, expanding. astre (*m.*),
star. mollement, softly. forte, mighty. bégaie, mutters. inconnus
à la terre, unknown to the land. ton flux s'élance, roule et saute,
thy tide rushes on, rolls and bounds. un galop de coursiers, galloping
steeds. aux crins, with manes. déchirant, rending. d'un bruit,
with a noise. rire des enfers, fiendish laughter. à frémir, to tremble.
soit quand . . . soit quand, either when . . . or when. bondissent,
are bounding, *i.e.* surging. champ moissonné, reaped field. nos
pensers s'agrandissent de ta grandeur, our thoughts are enlarged
by thy grandeur. esprit borné, limited understanding. athée en
démence, rabid atheist. nierait tout haut, would loudly (*i.e.* openly)
deny. l'Éternel, God everlasting. s'explique, is revealed. l'immense (*f.*), the immensity.

20. **L'Envers du Ciel.**—L'envers du ciel, the outside of heaven.
reluire, shine. ailes (*f. pl.*), wings. radieux, radiant. s'écria, exclaimed. levant son œil candide, raising his frank open eyes.

VOCABULARY

lambris, canopy. **puisque**, since. **limpide**, clear. **comme il doit être beau**, how beautiful it must be. **chagrin**, sorrow. **s'endort**, is lulled. **le regard**, etc., the child's eyes sprang, *i.e.* looked towards the sky. **azur** (*m.*), blue. **semé de**, strewn with. **près du sein maternel**, close to the maternal breast. **rayonne**, beams. **encens**, incense. **séjour**, abode. **dorer**, to gild. **colline**, hill. **pleurait**, was weeping. **fui**, fled. **franchissant la barrière des cieux**, crossing the barriers (*i.e.* portal), etc.

21. **LE PSAUME DE LA VIE.**—Imité de, after. **ombre qui s'enfuit**, fleeting shadow. **flotte**, floats. **lutte**, struggle. **si rien ne s'achève**, if nothing is completed (here below). **grandit du**, grows with the. **sentier qui monte**, ascending path. **pas à pas**, step by step. **mène**, leads. **la vue**, our sight. **inconnu** (*m.*), unknown. **souffle**, breath. **frémissante**, quivering. **aile meurtrie**, bruised wing. **usera**, will wear out. **ta prison**, (the bars of) thy prison (*i.e.* the body holding the soul captive). **te fit libre**, made thee free. **repos**, rest. **oubli**(*m.*), oblivion. **souviens-toi**, remember. **immobile et glacée**, motionless and stone-cold. **passage**, channel (*i.e.* to another world). **port**, harbour. **que**, let. **sol**, earth. **empreinte**, impression. **suivant les sentiers**, following the (same) paths. **agité par le**, perturbed with. **crainte**, fear. **retrouvera**, will regain. **marche**, onward. **que**, let. **aurore** (*f.*), dawn. **plus près du but**, nearer to the goal. **flambeau**, torch. **agis**, act. **il se hâte**, it hastens on. **que**, let. **douleur**, sorrow. **bat**, beats. **il n'est rien d'assez grand**, there is nothing great enough. **laisse**, leave. **avenir**, future. **lointain**, distant. **sourire d'adieu**, farewell smile. **bannis**, dismiss. **les molles tristesses**, effeminate sadness. **à Dieu ce passé mort**, this dead past (belongs) to God. **que lui seul a scruté**, which he alone has fathomed. **à nous l'heure**, etc., the hour which flies as soon as it has struck (belongs) to us.

22. **LES NAUFRAGÉS.**—The shipwrecked (sailors). [The poet muses in front of the ocean, the grave of countless corpses. Full of compassion, he questions the waves who alone are acquainted with so many mournful tales.] **Marins** (*m. pl.*), sailors. **courses lointaines**, long voyages. **se sont évanouis**, have vanished. **sans fond**, fathomless. **aveugle**, blind, *i.e.* dark. **à jamais enfouis**, buried for ever. **patrons** (*m. pl.*), masters (of ships). **équipages** (*m. pl.*), crews. **l'ouragan** ... **a pris**, etc., the hurricane has taken all the pages [figurative] of their lives. **d'un souffle**, with one breath. **tout dispersé**, scattered all of them. **nul ne saura**, none will know. **leur fin plongée dans l'abîme**, their end plunged into, etc., *i.e.* no one will know how they disappeared into the sea. **s'est chargée d'un butin**, has taken some booty. **esquif** (*m.*), skiff. **matelots** (*m. pl.*), seamen. **sort** (*m.*), fate. **roulez**, are tossed about. **à travers**, athwart. **sombres étendues**, gloomy expanse, *i.e.* main. **heurtant de vos fronts**, striking with your foreheads (*i.e.* heads). **écueils inconnus**, unknown reefs. **que de**, how many. **en attendant**, whilst awaiting. **grève**, shore. **revenus**, returned. **délaissés**, abandoned. **même**, even. **est enseveli**, is buried, *i.e.* is lost. **le temps qui**, etc., Time, which over all shadows pours

G

(*i.e.* spreads) a darker one. **jette**, casts. **sombre oubli** (*m.*), dark oblivion. **bientôt** ... **votre ombre est disparue**, etc., soon your image has disappeared from everybody's eyes. **charrue** (*f.*), plough. **où l'orage est vainqueur**, when the storm is master, *i.e.* raging. **veuves aux fronts blancs**, widows with white hair. **lasses**, weary. **remuant**, stirring up. **cendre**, ashes. **foyer**, hearth. **et quand la tombe**, etc., and when at last the grave has closed over them (lit. closed their eyelids). **étroit**, small. **saule vert**, green willow. **qui s'effeuille**, which sheds its leaves. **qu'un mendiant chante**, which a beggar sings. **angle** (*m.*), corner. **pont**, bridge. [After some great calamity popular rhymes are sometimes written on the event, which are sung and sold at street corners and other public places.] **sombrés**, submerged. **lugubres**, mournful. **redoutés de**, dreaded by. **à genoux**, on their knees (*i.e.* praying). **vous vous les racontez**, you tell them to each other. **en montant les marées**, when coming up (with) the tides. **qui vous fait**, which gives you. **voix désespérées**, moaning voices.

23. **A LA FRANCE.**—**Terre**, land. **sens**, feel. **glaçantes**, chilling. **Midi**, South. **épargne**, spares. **fureurs**, fierceness. **ombres mortelles**, deadly shade—[as is the case with some tropical trees]. **épars**, scattered. **herbes nouvelles**, young grass. **trompent**, deceive. **frémissants**, angry. **voix**, roar. **vastes serpents**, huge snakes. **ne traînent** ... **leurs écailles sonnantes**, drag their rattling scales. **sapins** (*m. pl.*), fir-trees. **ormes épais**, bushy elms. **en utiles rameaux**, with their useful boughs. **ombragent**, shade. **sommets** (*m. pl.*), mountains. **Beaune, AI** [important towns and districts noted for their rich vintages]. **rives fortunées**, favoured banks. **riche Aquitaine**, fertile Aquitaine. [A prosperous agricultural province situated between the Garonne, the Bay of Biscay, and the Pyrenees, and including the Bordeaux wine district.] **hauts Pyrénées** [*Pyrénées* is feminine. Here it is made masculine for the sake of the metre]. **bruyants**, creaking. **pressoirs** (*m. pl.*), wine-presses. **font couler en ruisseaux**, make run in streams. **La Provence odorante couvrant l'orange et le citron**, etc., The fragrant Provence clothing the orange and the lemon tree in their golden tunics, *i.e.* skins. **de Zéphyr aimée**, beloved by the Zephyr. **haleine**, air (lit. breath). **au penchant**, on the slopes. **pierreuses**, stony. **grasse**, rich. **aux liqueurs**, with its liquor. **réseaux**, network. **diaphanes habits**, transparent raiments. **grenade**, pomegranate. **rochers touffus**, bushy rocks. **chèvre**, goat. **se hérisse**, rears itself up. **enflent**, swell. **féconde génisse**, prolific heifer. **brebis** (*m. pl.*), sheep. **épaissir**, thicken. **tissu**, wool. **toison**, fleece. **voisins de**, adjacent to. **boit l'urne**, drinks (from) the urn [figuratively]. **s'élèvent**, are reared. **frein**, bit (*i.e.* bridle). **coursiers belliqueux**, fiery steeds. **ajoutez**, add. **amas**, number. **fleuves tortueux**, sinuous rivers. **insensées**, furious. **fils** (*m.*), offspring. **glacées**, glacial. **au flot royal**, with its majestic flow. **la Loire incertaine dans son sein**, the Loire restless in its bed [liable to overflow]. **enfin**, besides. **moissons** (*f. pl.*), harvest. **rivage**, shore. **vergers** (*m. pl.*), orchards. **rampent**, wind their way. **emportés à grands bruits**, carried away (flowing along) noisily.

24. LA CONSCIENCE.—**Peaux** (*f. pl.*), skins. **bêtes** (*f. pl.*), wild beasts. **échevelé**, dishevelled. **se fut enfui**, had fled. **de devant Jéhovah**, from the face of the Lord. **sombre**, dejected. **bas**, foot. **hors d'haleine**, out of breath. **couchons-nous**, let us lie down. **au fond**, in the depths. **cieux funèbres**, funereal sky. **tout grand ouvert**, wide open. **ténèbres** (*f. pl.*), darkness. **le regardait . . . fixement**, glared at him. **ombre** (*f.*), gloom. **tremblement**, shudder. **réveilla**, roused. **lasse**, fatigued. **se remit à fuir**, resumed his flight. **sinistre**, sinister looking. **dans l'espace**, into the open (country). **muet**, silent. **frémissant aux bruits**, shaking at (every) sound. **furtif**, like a thief. **trêve** (*f.*), truce (*i.e.* stopping). **atteignit**, reached. **grève**, shore. **qui fut depuis**, which was since (called). **Assur**, Assur= modern Assyria. **asile**, refuge. **sûr**, safe. **restons-y**, let us stop here. **bornes** (*f. pl.*), limits. **cieux** (*m. pl.*), heavens. **tressaillit**, started. **noir frisson**, horrible shudder. **aïeul farouche**, sullen grandsire. **vont**, go (*i.e.* dwell). **tentes de poil**, tents of skins. **profond**, vast. **étends**, spread. **toile**, canvas. **développa**, unrolled. **muraille flottante**, floating wall (*i.e.* the canvas). **poids**(*m. pl.*), weights. **plomb** (*n.*), lead. **blond**, fair. **douce**, sweet. **aurore** (*f.*), dawn. **passent dans**, pass through. **bourgs** (*m. pl.*), towns. **soufflant dans**, blowing. **clairons** (*m. pl.*), bugles. **frappant**, beating. **tambours** (*m. pl.*), drums. **saurai**, shall know (how). **barrière**, screen. **enceinte**, girdle. **puisse**, can. **bâtissons**, let us build. **forgerons** (*m. pl.*), blacksmiths. **chassaient**, pursued. **crevait**, put out. **à quiconque passait**, of every passer-by. **lançait**, shot. **flèches** (*f. pl.*), arrows. **aux murs**, with walls. **lia**, bound. **nœuds** (*m. pl.*), clamps. **faisait la nuit dans**, darkened. **épaisseur** (*f.*), thickness. **porte**, gate. **défense à**, prohibition to, (*i.e.* we do not allow). **de clore**, enclosing. **de murer**, walling in. **fosse**, pit. **voûte**, vault. **sur son front**, over his head. **souterrain**, vault.

25. LA FRÉGATE 'La Sérieuse.'—[This poem is an episode of the Battle of the Nile (1798), where Nelson destroyed the French fleet. The battle commenced in the evening of August 6th, raged the whole night, and did not finish until six o'clock the following morning.] **Environnée de sable**, girded with sand. [The battle took place in a sandy bay—Bay of Aboukir.] **brillait**, shone. **bassin d'argent entouré d'**, silver basin encircled with. **journée**, battle. **du quinze**, of the fifteenth of. **Thermidor.**—[The eleventh month of the Calendar of the first French Republic. The month extended from July 19th to August 17th.] **s'ébranla sur sa quille**, shook on her keel (*i.e.* began to move). **quand venait un combat**, when a battle was imminent. **je la reconnus bien**, I knew her by that=it was just like her (the ship). **ma fille**, my lass [addressing the frigate]. **lunette**, telescope. **exercée aux**, trained to=which I used for. **la tins ferme sur**, pointed it towards. **voiles** (*f.*), ships. **enfin**, at last. **contre nous**, towards us. **en avant de la brise**, before the wind. **à l'ancre immobile s'offrant**, motionless at anchor, offering herself (as a target). **reçut**, withstood. **rude abord**, violent onset. **comme un roc**, as a rock (stands against). **tous** (=the enemy's ships). **en lâchant leur bordée**, in firing their broadsides. **fière**, proud(ly). **fut débordée**, was passed.—[Fourteen ships passed alongside *La Sérieuse*, and three stayed to fight.]

troublée dans son, disturbed in her. jetant vingt-quatre éclairs, firing twenty-four shots. rendit, returned. criblée, riddled. fers (*m. pl.*), shot. boulets enchaînés, chain-shot. fauchaient, mowed down. mâts (*m. pl.*), masts. goudron, tar. s'enfonçaient dans, penetrated. orme, elm. coin, wedge. bûcheron, woodcutter. un brouillard de fumée=clouds (lit. a fog) of smoke. où, in which. étincelle, flashes=flashed. corps, hull. écharpé, hacked to pieces. se tordait sous elle, reeled about in the same spot. s'éclipsa, was hidden. plein de bitume, full of bituminous fumes. ardente brume, fiery haze. enfermés, surrounded, transl. caught. le canon des deux flottes s'y mêlait au loin, the (noise of the) distant cannon of the two fleets was added to (the din). tirait en aveugle, fired blindly. à travers le nuage, through the clouds. brûlait, was ablaze. les trois vaisseaux, *i.e.* the three (enemy's) ships. démâtés, dismasted. las, exhausted. impuissante, powerless. gouvernail (*m.*), helm. on n'eût pu reconnaître, you would not have known. engloutie à demi, half-submerged. large pont, wide deck. se montrait à peine sur, was scarcely visible above. s'affaissant, sinking. en mer, to sea. chaloupe (ship's) boat. hors de, away from. tournante, eddying. tourbillon, whirlpool. poupe, poop. pavillon, flag-(staff). à l'agonie, doomed. bouillonnait sourdement, was rushing in with a rumbling sound. gémit, moaned. prodige, wonder. mouvement honteux, shameful impulse. l'étouffant, checking it. nous nous sommes conduits comme il fallait, we have done our duty. proue, prow. noyé, submerged (lit. drowned). se montrait, (still) appeared. en dessous, underneath. roue, wheel.

26. L'AME DU VIN.—Je pousse . . . un chant, I sing (lit. utter) a song. déshérité, disinherited (*i.e.* sufferer). cires vermeilles, red seals (lit. red wax). lumière, light; transl. gladness. je sais combien il faut . . . de peine. etc., I know how much toil, sweat, and broiling sun is needed. pour engendrer ma vie, to beget me. ingrat, ungrateful. malfaisant, harmful. éprouve, feel. tombe, flow. usé, worn out. travaux (*m. pl.*), labour. poitrine, chest. où je me plais, where I like to be. caveaux, cellars. retentir, resounding. gazouille, warbles. sein palpitant, throbbing breast. coudes (*m. pl.*), elbows. retroussant, turning up. manches (*f. pl.*), sleeves. allumerai, will brighten. ravie, enraptured. rendrai, will restore. raffermit, hardens. lutteurs (*m. pl.*), wrestlers. végétale ambrosie, vegetable ambrosia, transl. nectar. jeté, sewn. Semeur, Sower. pour que la poésie naisse de, in order that poetry should be born of (*i.e.* spring from). jaillira, will soar.

27. SOUVENIR.—Laissant pendre, dangling. au fil de l'eau, above the stream. joyeux de la troubler, delighting in disturbing it. ou bien, or else. rameau, bough. d'effrayer, to frighten. poisson, fish. gazon, grass. lieu sauvage, wild spot. nulle haleine, not a breath (of wind). éveillant, arousing. immobile, still. hors, except. ris enfantins, childish laughter. partait par volée, burst out in peals. encaissée, embanked. coulait, flowed. jusqu'à, right down to. glacée, frozen (*i.e.* cool). causant, talking. faisant frémir, wriggling.

se mordre, biting each other. par bandes nageant, swimming in shoals. nageoires (f. pl.), fins. saumons bruyants, boisterous salmon. anguille (f.)=anguilles, eels. phalènes (f. pl.), moths. moucherons (m. pl.), gnats. se sauvant, escaping. joncs (m. pl.), rushes. vint se poser, came and alighted. bizarre, strange. afin de, in order to. l'écraser, crush it. paysanne, peasant girl. mouche diaphane, diaphanous fly. la pauvrette, the poor little thing. remuer, moving, i.e. wriggling. légèrement souffla, lightly blew. déployant, spreading. partit, flew. s'éleva, rose. louant, praising. bien des, many. ternir, to fade. ombre (f.), recesses. fraîches, youthful. refleuriront, will blossom again.

28. LES MINEURS DE NEWCASTLE.—Que, let. boivent à gorge pleine

... la bienfaisante haleine des vents impétueux, inhale, lit. drink freely the health-giving breath of the boisterous wind. s'inondent le front, bathe their heads. air, breath. suave, delightful. emportés, driven. voiles, sails. ondes amères, bitter waves=the sea. sillonnent sans fin, plough unceasingly. emplissent leur paupière, fill their eyelid (i.e. eyes). contemplent, admire. toit, roof. au sein, in the midst. s'endorment, fall asleep. ils ont reçu, etc., heaven looks on them with an eye of favour. nés, born. étoile aimable=lucky star. Seigneur, Lord. part (f.), share. bon lot, lucky number (or prize). enfermés, shut up. souillé la majesté des lois, sullied the majesty of (i.e. broken) the law. la misère au cœur dur, stone-hearted poverty. nourrice immonde, foul nurse. nous marqua, singled us out. peine, hard work. taupe, mole, transl. moles. fer, pick. fouillons, excavate. arrachons à, wrest from. houille, coal. fangeuse, miry. la nuit, darkness. reins (m. pl.), loins. de sa mante brumeuse, with its hazy mantle. la mort, death. hibou, owl. vole, flutters. malheur à, woe betide. ivresse (f.), drunkenness. chancelant, unsteady. traîtresse, treacherous. au plus creux, into the deepest (part)=to the bottom. dont la jambe, etc.=whose legs are stiff. en courroux de se voir, angry at finding itself. envahit, overruns. gouffre, pit (i.e. mine). secours (m.), help. téméraire, foolhardy (person). salutaire, safety. ami des humains, friend of humanity. noir, dusky. mauvais esprit, evil spirit. guette, lies in wait for. bleuâtre vapeur, bluish vapour (i.e. fire-damp). se jette, falls. l'étend sur le sol, stretches him on the ground. sans pouls, etc., without pulse (i.e. lifeless) and cold. car même lorsque chacun de nous fait sa tâche sans reproche, for even when each one does his duty without reproach (i.e. conscientiously). marteau, hammer. qui rêvait ... aux, who dreamt of the. ventre du gouffre, bowels of the abyss. ô, puissante industrie, Oh, mighty Industry. ombre, shadow. mettons en jeu, set in motion. fait bouillonner les chaudières (f. pl.), which makes the boilers bubble. rugir les hauts fourneaux, the blast-furnaces roar. chargés de matières, charged with ore. fer, rails. sein écumant, foaming crest. bondir en souverains, bound onwards proudly, lit. as masters (of the sea). des choses, of things [in general]. renversement, upsetting. ordre, order. hommes de savoir, learned men. de race, of birth. enfants, (we) children. d'amollir, to soften. puissants (m. pl.), great ones.

plus solide appui, firmer support. rappeler, remind. par exemple, for instance. laissant dépérir les fondements, letting the foundations ... decay. monument, building. s'écroule, crumbles away.

29. **MON CHIEN.**—Degré, step. échelle (*f.*), ladder. de l'être, of life. rapport, affinity. tu vis, you live. de son regard, by his glance. il te donne, He gave you (to us). que n'aime plus personne, no longer loved by anyone. quoique à terre couché, although lying on the ground. sot dédain, foolish contempt. touché, kicked. contristant ta tendresse, wounding thy affection. bonté (*f.*), kindness. moindre, least, *i.e.* lowest. frère à quelque degré, etc., of whatever degree nature wished us to be brothers (*i.e.* however great the distance nature placed between us). muets entretiens, dumb conversations [referring to the signs and expressive glances exchanged between the dog and his master]. épiant, watching. veille, am awake. un seul souffle inégal, one single uneven breath. sein, breast. réveille, arouses. que, when. obscurcis, dimmed. plis (*m. pl.*), furrows. cherches, try to understand. soucis (*m. pl.*), cares. attirant ma pensée pour la distraire, drawing my attention in order to divert it. mords, bite (*i.e.* lay hold of). baissée, lowered. que, when. rend. makes. que l'âme en toi, when the soul within you. et que, and when. dépasse encor, exceeds even. qu'anime, animated by. trompeur, deceiving. s'éteindra dans, will die out from. se ranimera, will be rekindled. cieux, spheres. la tendre sympathie de ce qui s'aima, etc. ... the tender sympathy of those who loved each other so much, never dies altogether. la réunir, join it again. sein, bosom. à ses regards, in his eyes. consacre un cœur aimant, makes a loving heart sacred. allume, kindles. n'éteindra pas plus, etc., God will not let His (own) divine spark die out any more. dont la splendeur ruisselle, with its streaming splendour. humble, meek. épagneul (*m.*), spaniel. cercueil, coffin. réjouisse, gladdens. rougisse, should blush. lèche, lick. mouillés, moistened. mets, place.

30. **TROIS JOURS DE CHRISTOPHE COLOMB.**—En Europe! (Back) to Europe! plus d'espoir (*m.*), no more hope. monde, world. doigt, finger. montrer, to show, point out. œil, eye. voir, to see. percer, to pierce. il marche, he sails on. a lui, has shone (*i.e.* dawned). recule, recedes. le jour baisse, the day is waning. azur, azure. l'onde, the water. ciel sans borne, boundless sky. se confond, mingles. sonde, sounding lead. sans fond, fathomless. appuyé, leaning. la barre qui crie, the helm which creaks. les ténèbres, the darkness. écouter, to listen to. le sourd mugissement du roulis, the deep roar of the rolling. les craquements funèbres,' the dismal creakings. les astres, the stars. l'ardente Croix du Sud, the fiery Southern Cross. épouvanter, to frighten. l'aube attendue, the (long) expected dawn. lent, slow. blanchit, whitens (*i.e.* lights up). clarté, light. vient de renaître, has just dawned again. Que fait Colomb, what is Colombus doing. il dort, he sleeps. accabler, to overcome. dans l'ombre, in the shade (*i.e.* in secret). aux voix, (let us put it) to the vote. qu'il triomphe, let him triumph. parjure, guilty of perjury. tombeau, grave. flots impitoyables, merciless waves. vers ces

VOCABULARY

bords, towards those shores. que son regard cherchait, which his eyes sought out. les lui feront toucher, will make him touch them. sable, sand. le haut, the top. il s'éveille, he wakes up. il court, he runs. sanglot, sob. l'avenir, the future. fécond, fertile. les maux, the hardships. des fers, shackles.

31. EXCELSIOR.—Altière, lofty. riant, pleasant. au front triste, with sad brow. étrange devise, strange device. à travers, through. paisible, quiet. qui dormait, slumbering. vallon, valley. l'écho portait au loin le son de sa voix, the echo carried afar, etc. tandis qu', whilst. divin, sacred. éclairant, lighting up. s'écriait bien haut, exclaimed aloud. la lumière scintiller, transl. the sparkling light. vif, bright. brillait, shone. foyer, hearth. portant son regard, casting his eyes. toit, roof. chaumière, cottage. redit, repeated. ne t'aventure pas, do not venture. cime éclatante, dazzling peak. vieillard, old man. arrête-toi! stay! s'élançant, springing up. pâtre, herdsman. orage (m.). storm. moines pieux, pious monks. ébranlant, shaking. voûte solennelle, sacred arches. tous près, close by. élancées, towering. bord, edge. fil, thread. couché, lying. pourtant, yet. mort inconnu, unknown dead (one).

32. POUR LES PAUVRES.—Heureux (m. pl.), happy ones. bal tournoyant, whirling ball. vous inonde de ses feux, floods|you with its lights. à l'entour de vos pas, around your steps=all round. rayonner, glitter. ardents, flaming. cercle étoilé, starry circle. lustre, chandelier. au front des conviés, on the faces of the guests. timbre, bell. sonnant, ringing. demeures (f. pl.), dwellings. vous change en, changes for you into. voix grave des heures, grave voice of time. songez-vous parfois? do you sometimes think? faim (f.), hunger. carrefours sombres, dark street-corners. vitres (f.pl.), windows. doré, gilded. sous le givre, in the frost. assiège, besieges. dit tout bas, mutters. pour un seul, etc., what riches for one single (person). festin, banquet. se récrient, cry out in admiration. riche, rich man. bien heureux, very fortunate. rien que dans leurs jouets, etc., in their playthings alone, how much bread for mine! [i.e. what a quantity of food could have been bought for my little ones with the money spent on the toys alone of the rich man's children]. âme (f.), mind. foyer, home. rayonne, shines. affamés, famished. en lambeau=en lambeaux (m.), in rags. paille (f.), straw. aïeule (m.), grandmother. vont tout courbés, go bowed down. fardeau, weight. des peines, of their troubles. conviés, invited. assis également à l'aise, equally comfortable. qui d'en bas, from here below. jouissez, enjoy (life). amer, bitter. au, in the. qu'endort la volupté, whom voluptuousness lulls to sleep (i.e. whose feelings are blunted by voluptuousness). que ce ne soit pas, let it not be. arrache, snatches away. où son regard s'attache, upon which his eyes are fastened. ardente, warm-hearted. le pauvre, the poor (pl.). idolâtre, idolise. marâtre, a hard stepmother. relève, raises up. soutient, supports. foule, trample down. lorsqu'il le faudra, when needs be. suit, follows. chair, flesh. que ce soit, *transpose*: que ce soit elle (la charité) qui arrache des bras de, etc. bijoux, diamants, etc. hochets

(*m.pl.*), trinkets. **dentelle** (*f.*), lace. **joyaux** (*m.pl.*), gems. **toujours faux,** always false. **nourrir,** to feed. **âmes** (*f.pl.*), souls. **sein,** breast.' **à pleines mains,** by handfuls. **aumône,** charity. **prière.** prayer. **tout roidi,** stiffened. **à genoux,** on (his) knees. **de froid rougies,** reddened with cold. **ramassent,** pick up. **miettes,** crumbs. **du Seigneur,** of the Lord. **se détourne,** turns away. **afin que,** in order that. **dote,** endows. **force,** strength. **un blé plus mûr,** a riper corn. **fasse plier vos granges,** should make your granaries bend (under the weight). **rêves** (*m. pl.*), dreams. **la nuit,** at night. **il vient un jour où,** a day will come when. **la terre nous laisse,** we leave the world. **là-haut,** above. **une richesse,** wealth. **pitié de,** pity on. **que glacent les tempêtes,** chilled by storms. **qui se fit homme,** who made himself (a) man. **le méchant même,** the wicked themselves. **en s'inclinant vous nomme,** may name you in bowing (*i.e.* respectfully). **mendiant,** beggar. **puissant,** powerful.

33. **LE CRUCIFIX.**—[This beautiful elegy was written after the death of a lady for whom Lamartine cherished a deep affection. The poet was presented with the crucifix which had been placed on the lips of the lady during her last moments of suffering. The form of the stanzas —three Alexandrines followed by a six-syllable line—imparts a certain sadness of tone which is eminently suited to elegiac poetry.] **J'ai recueilli sur,** I took from. **deux fois saint,** twice holy. **don, gift. que de pleurs,** (*m. pl.*) how many tears. **sein,** breast. **tiède,** warm. **soupir,** sigh, breath. **saints flambeaux,** holy candles. **flamme,** flicker. **doux,** soothing. **son front gardait la trace de,**' her face preserved the trace (*i.e.* bore the mark). **traits,** features. **frappés d',** stamped with. **douleur fugitive,** transient pain. **tour à tour,** in turns. **voilait,** concealed. **pendait,** was hanging. **funèbre,** funereal. **replié,** folded up. **bouche,** mouth=lips. **s'entr'ouvraient,** were half open. **la flamme dévore,** the fire consumes. **avant de l'embraser,** before it kindles it. **bouche glacée,** cold lips. **souffle,** breath. **se taisait,** was silent, *i.e.* had stopped. **sein endormi,** lifeless breast. **affaissée,** drooping. **retombait à demi,** was half closing. **debout,** standing up. **je n'osais,** I dared not. **reste,** remains. **comme,** as though. **la majesté muette du trépas,** the silent majesty of Death. **entendit,** understood. **funèbre,** mournful. **sans nom**=without inscription. **sept fois** . . . **a changé son feuillage,** seven times . . . has shed its leaves (*i.e.* seven years have passed). **s'efface,** fades away. **tu l'as** . . . **défendu de l'oubli,** thou hast protected it (the heart) against oblivion (=preserved memory of the beloved one). **goutte à goutte,** drop by drop (*i.e.* tear by tear). **amolli,** softened (*i.e.* by the tears). **âme qui s'envole,** departing soul. **faible parole,** faint words. **n'arrivait plus qu'à toi,** could reach but thee (=the crucifix). **douteuse,** uncertain. **épaissi,** thickening. **hors de nos sens,** etc., *render thus:* **l'âme se replie pas à pas** (=recedes step by step) **hors de nos sens glacés** (=from our cold bodies). **sourde,** deaf. **alors qu',** when. **entre la vie,** etc., hanging between life and death. **poids,** weight. **rameau,** bough. **sur la nuit,** over the darkness. **la confuse harmonie des chants,** etc., the confused harmony of the songs (and) of the sobs. **n'éveille déjà plus,** no longer awakens. **esprit endormi,** sleeping spirit. **collé,** pressed. **éclaircir l'horreur,** light up the

gloom. étroit, narrow. son regard abattu, its down-cast eyes. divin consolateur, Divine Comforter [addressing Jesus on the cross]. que lui dis-tu? what do you say to it? (*i.e.* to the soul). tes larmes ... baignèrent (=bathed, *i.e.* moistened) les racines de l'olivier sacré [referring to the sacred olive tree in the Garden of Olives]. de la croix, from the cross. ta mère [the Virgin Mary]. deuil (*m.*), mourning. au nom de, in the name of=through. cette mort [*i.e.* the death of Christ who suffered for our salvation]. que ma faiblesse obtienne, etc. (grant) that my weakness may obtain to breathe on thy bosom this painful sigh. heure (*i.e.* the hour of death). souviens-toi de la tienne, remember thy own. qui sais mourir, who knowest (how) to die (*i.e.* who hast tasted death). âme errante, wandering soul. sein, bosom. Ah! puisse alors ... une figure en deuil, Oh! that some person in mourning may then. éploré, in tears. l'héritage sacré (*i.e.* the crucifix presented to the poet). soutiens, support, transl. guide. charme, soothe. gage consacré, holy pledge. s'éloigne, departs. demeure, remains. tour à tour, in turn. perçant la voûte sombre des morts, piercing through the sombre vaults of the dead. éveillera, will call. [Lamartine, himself, writes of this beautiful poem: 'Ceci est une méditation sortie (=poured forth) avec des larmes du cœur de l'homme et non de l'imagination de l'artiste. On le sent, tout y est vrai.']

34. LA MÈRE ET L'ENFANT.—Fait l'aumône, given alms. pauvresse, poor woman. errant, loitering. trottoir, pavement. allure, furtive, stealthy gait. craintive, timorous. maigre, thin. déguenillée, in rags. cher fardeau, precious burden. haillon, rag. emmaillotte, enwraps. sein, breast. flétri, withered. douleur, sorrow. abri, refuge. tendait, held out. muette, silent. sous les rayons blafards, etc., in the dim rays (*i.e.* light) which the gas projects afar. glissait, glided along. au détour des, round the. le long des vieux murs, along the old walls. d'un regard, with one look. et comme tout cœur ému se serre, and as all compassionate hearts are moved to pity. à ces tableaux, by these sights. dénûments, miseries. faut-il poursuivre, shall I continue [*i.e.* my narrative]. et ce que je vais dire, etc., *transpose thus*: et la vulgaire (commonplace) pitié accueillant (welcoming) ce que je vais dire pour maudire (curse), s'en fera-t-elle une arme, will it [*i.e.* this commonplace pity] turn it [*i.e.* my narrative] into a weapon? passant (*m.*), passer-by. fait germer, sown. soupçon renaissant, ever-recurring suspicion. récit, story. j'allais fermer, etc., I should close a single heart (to pity). glacer, chill. révolté, revolting. tarir, dry up. sage, wise men. arrêter une obole au passage, stop a mite on its way, *i.e.* arrest the hand which was ready to give. je me tairais, I would keep silent. sans fin, for ever. ténébreux, dark. naissent de, spring from. sondons, let us probe. guérir, to cure. hais, hate. mal qu'on farde, sham misfortunes [farder=to make up]. navrante, heart-rending. affreuse, awful. qui se dévoile au jour, which is brought to light. donnons dans chaque piège, let us fall into each trap. l'enquête est sacrilège, inquiry is sacrilegious. il suffit, etc., their shame and poverty are sufficient. ne doit rien retrancher, should not lessen in the least [lit.

should retrench nothing from]. **aumône,** charity. **à vingt pas devant moi,** some twenty steps ahead of me. **effroi** (*m.*), fear. **agent,** policeman. **l'interpelle,** calls out to her. **droit sur,** straight up to. **du geste,** with a (quick) movement. **écarte brusquement,** removes suddenly. **l'être,** the being =the child. **sortit de,** was uttered by. **haillons,** rags. **noués,** tied. **fichu,** neckerchief. **jusqu'au bord du ruisseau,** down to the edge of the gutter. **se déroulant,** unwinding themselves. **au cruel office,** with the unpleasant duty. **de l'informe paquet, etc.,** revealed to me the imposture of the shapeless package. **éblouissement,** giddy sensation. **bien qu'on, etc.,** although I had already been told. **éprouvais, felt. le toucher,** to see it. **désormais,** now. **langes** (*m. pl.*), swaddling clothes. **lambeaux** (*m. pl.*), rags. **larmes feintes,** feigned tears. **choses saintes,** sacred things. **mentir,** lie. **se défend de,** transl. mistrusts. **m'enfuir,** to hasten away. **misérable aux prises avec,** wretched (woman) struggling with. **moins tendre,** less tender (hearted). **de telles,** such. **portais,** was carrying (about). **est si chétif à voir,** looks so poorly. **tousse, coughs. navré,** distressed. **c'était le tuer,** it would have killed him. **bien vite,** quickly. **celui-là,** that one [*i.e.* the substitute]. **qu'on ne m'arrête point,** don't let me be (arrested). **véritable,** real (one). **sanglotait,** sobbed.

35. LA PRIÈRE DE L'ENFANT.—**Nue,** firmament. **brume,** mist. **fait trembler le contour des coteaux,** makes the outline of the hills indistinct. **à peine,** scarcely. **char lointain,** distant waggon. **rentre,** goes home. **secoue au vent,** shakes off in the wind. **poussière,** dust. **crépuscule,** twilight. **ouvrant,** ushering in. **fait jaillir chaque étoile, etc.,** makes each star shine forth like a fiery spark. **l'Occident,** the West [*i.e.* place of the sun's setting]. **l'Occident amincit sa frange, etc.,**—transl. the crimson fringe in the west is getting thinner and thinner. **la nuit ... argente la surface de l'eau, etc.,** transl. the night makes the surface of the water shine like silver in the darkness. **sillons** (*m. pl.*), furrows. **buissons** (*m. pl.*), bushes. **tout se mêle et s'efface,** all is mixed up and confused. **passant,** passer-by. **inquiet,** anxious. **doute,** is uncertain. **chemin,** way. **mal,** wrong-doing. **fatigue,** toil. **haine,** hatred. **pâtre,** shepherd. **vent,** wind. **brèches** (*f. pl.*), gaps. **étangs** (*m. pl.*), ponds. **troupeaux** (*m. pl.*), flocks. **cassée,** bleating. **la nature lassée,** exhausted nature. **a besoin de,** requires. **courons,** hasten away. **pieds nus,** bare-footed. **grâce au père universel,** pardon of the Father of the Universe. **épars, etc.**—*transpose thus*: **les rêves d'or épars dans l'ombre,** golden dreams scattered (about) in the darkness. **essaim,** swarm. **qui naît,** which arises. **à son déclin,** waning. **de loin,** from afar. **bouches vermeilles,** rosy lips. **comme de joyeuses abeilles volent aux fleurs,** as joyous bees fly, etc. **viendront s'abattre en foule,** will come and alight in bevies. **rideaux de lin,** linen curtains. **qui s'égaye et qui rit,** which is full of joy and happiness. **solennel,** solemn. **ainsi que,** just as. **endort,** lulls to sleep. **jeune esprit,** youthful mind. **d'abord,** first of all. **celle**=her. **berça,** rocked. **couche qui chancelle,** swaying cradle. **qui te prit ... dans,** who took thee from. **parts** (*m. pl.*), shares. **pour toi,** for thy sake.

absinthe (*f.*), wormwood. **miel,** honey. **au vol de cygne,** with swanlike flight. **encensoirs** (*m. pl.*), censers. **péchés** (*m. pl.*), sins. **candide,** pure. **un pavé d'autel,** the altar steps. **qu'on lave,** which are washed.

36. LE ROUET.—Rouet, spinning-wheel. **le faire disparaître,** to have it put out of sight. **que . . . le gai soleil,** etc., upon which the cheerful sun, through the window, casts a golden reflection. **lui** [=the spinning-wheel]. **bercé,** delighted me (lit. rocked me). **à mon âme,** etc., *transpose thus*: **tout ce que ce témoin du passé dit à mon âme,** etc., all this witness (*i.e.* relic) of the past tells to my affected soul; transl. all the touching memories this relic of the past brings back to me. **ouvrière,** worker. **filant,** spinning. **bien,** certainly. **sombre,** dark. **aux larges plis tombants,** with wide hanging folds. **coiffe,** head-dress. **doux,** smooth. **posée,** placed. **devant,** in front of. **tisons** (*m. pl.*), embers. **croisée,** window. **darde,** darts. **rayons,** rays. **printanière,** spring. **rouet,** spinning-wheel. **au sortir de,** on coming out of. **avec bonheur,** joyfully. **grimpant,** climbing. **escalier** (*m.*), staircase. **de loin,** from afar. **ramage,** prattle. **bruit,** sound. **vieille,** old lady. **quenouille,** distaff. **monsieur le polisson,** you mischievous brat (lit. Mr. Ragamuffin). **courroux,** wrath. **ne tardaient pas à s'apaiser,** were soon over. **ramenait,** brought. **dès,** from. **qu'il faisait bon le voir,** how pleasant it was to see it. **chemise,** cover. **s'est-on point fait chasser,** haven't you been ordered out of the room? **dois-je embrasser,** ought I to kiss (you)? **ou bien,** or else = or ought I to. **tirer l'oreille,** pull your ear. **joue,** cheek. **doux baiser,** sweet kiss. **de recommencer à jaser,** began again to rattle (lit. tattle). **fuit,** flies. **obéissante,** obedient. **et;quel plaisir,** etc. transl. what pleasure (it is) to see at the same time the dazzling white flax diminish and the thread increase in the quivering fingers. **tout à coup,** suddenly. **le voilà qui s'embrouille,** it gets entangled. **maudit garçon,** dreadful boy. **aux naïves images,** with quaint pictures. **les rois mages,** the wise men of the East. **aïeule,** grandmother. **par intervalle,** at intervals. **grande voix,** mighty voice. **fil,** thread. **tels sont,** such are. **les file,** spins them. **puissent les tiens,** may thine (*i.e.* thy days). **égaler,** equal (*i.e.* in number). **que je dois au Seigneur,** = which the Lord has granted me. **bonté souveraine,** supreme kindness. **égaler ton bonheur à leur durée,** make your happiness equal (*i.e.* as great) as their number (*i.e.* the number of thy days). **se joignant,** being clasped. **souhait,** wish. **les miens s'en vont,** mine are passing away. **bien près de finir,** very nearly run out. **du jour,** of life. **qui . . . vient d'éclore,** which has just dawned. **je n'ai qu'à bénir,** I can but bless (*i.e.* be thankful for everything). **au bord de,** on the fringe of. **monter,** rise (*i.e.* well up). **en songeant,** in thinking of. **la voilà cette heure,** that hour has come. **auprès,** by the side. **délaissé,** abandoned.

37. LES MONDES.—Fournaise, furnace. **où bout un genèse,** where a genesis, = world is boiling [meaning that a world is being evolved out of the sun]. **éperdus,** in wild confusion. **fondus,** molten. **heurtant, brisant, mêlant,** clashing, breaking, mixing. **enflammées,** flaming. **noirs ouragans,** dark hurricanes. **chargés de fumées,**

charged with fumes. **houle ardente,** fiery surge. **un îlot vermeil nage,** a red-hot islet floats. **tache aujourd'hui,** etc., to-day a sun-spot, to-morrow the crust of the sun. **se meut,** revolves. **fécond incendie,** fruitful conflagration. **à peine refroidie,** scarcely cooled down. **sanglant,** blood-red. **aux blanches clartés,** with the silvery light. **dans tes proches splendeurs,** in close proximity to thy splendour. **se baigne,** is basking (lit. is bathing). **règne,** kingdom. **et par Dieu,** etc., *transpose:* et Jupiter couronné dans l'éther par Dieu, puis par moi d'un, etc. (This soliloquy is by Galileo, who invented the telescope and discovered the satellites of Jupiter.) **d'un quadruple bandeau de lunes,** with a fourfold diadem of moons, *i.e.* with its four moons which form, as it were, four diadems. **astre souverain,** ruling sphere. **par delà,** beyond. **touffus,** clustered. **font mouvoir,** set in motion. **tiennent,** derive. **jour,** light. **veilleurs,** watchers. **lueurs,** lights. **qui poudrez de,** etc., who sprinkle the azure paths with your golden sand. **foyers,** focuses. **ne voit qu'une étincelle,** sees but one spark. **montons encor,** let us ascend further. **inondés de,** swarming with. **franchissant,** reaching beyond. **azur,** blue sky. **hardi,** daring. **a percé l'enveloppe de notre amas stellaire,** has pierced through the boundaries of our stellar system. **hors de,** beyond. **tourbillon monstrueux,** gigantic whirl. **infini,** boundless space. **plein de,** replete with. **pareils,** similar. **profondeurs sombres,** black depths. **dont la distance,** etc., lit. of which the distance escapes the language of figures, transl. whose distance is immeasurable. **nuages laiteux,** milky clouds. **gouttes** (*f. pl.*), drops, *i.e.* specks. **aux rayons si douteux,** with such faint rays. **ver luisant,** glow-worm. **lueur,** glimmer. **lentille,** lens (*i.e.* telescope). **abordant ces archipels lointains,** reaching these distant archipelagoes. **résout leur,** etc., resolves their vague whiteness into. **entrevoit,** sees faintly. **sans borne,** never ending. **fourmillements,** clusters. **morne,** gloomy. **étant vaincu,** being beaten (*i.e.* becoming powerless). **mon œil croit atteindre le seuil du vide,** etc., my eye imagines it has reached the furthest limits of space and darkness. **au regard impuissant,** etc., transl. the mind takes the place of the powerless (=limited) sight. **qui d'espace,** etc., which (the mind) flying headlong from space to space. **ne cesse de sonder,** never ceases to fathom. **l'infini lumineux**=the luminous illimitable space. **est prise d'effroi vertigineux,** is seized with overpowering awe. **centres en flamme,** blazing centres (of attraction). **dont les hôtes pensants,** whose thinking (*i.e.* intelligent) denizens. **les uns,** some. **plus abaissés,** lower. **degrés de l'être,** scale of life (lit. degrees of being). **que c'est grand,** how grand this is. **culte,** veneration. **esprit** (*m.*), mind. **s'abîme et se confond,** is lost and bewildered. **que ta toute-puissance,** how thine omnipotence. **s'y montre,** manifests itself there. **épanchée à flots,** poured out lavishly (lit. in torrents). **vastement,** loudly.

38. LE TROUBADOUR.—Vivent, Long live! or Hurrah for! **treille,** vine arbour. **couchant,** setting sun. **lever,** rising. **prodigue,** lavish. **de clartés,** with lights. **l'astre,** etc. ... the planet with a look almost human (*i.e.* the moon). **m'y voici,** here I am in them (*i.e.* the nights of June). **dès demain,** not later than to-morrow. **toujours,** still. **petit**

jour, early morn. vêtu de, dressed in. l'auberge, the inn [meaning the landlord of]. sourde, deaf. poing, fist. avec ennui, reluctantly. où pourrais-je donc bien, etc., where on earth could I sleep. banc, seat. oreillers de mousse, pillows of moss. se chauffe, warms oneself. au soleil, in the sun. c'est égal, all the same. mieux=more comfortable. draps de toile, linen sheets. je te prends pour gîte, etc., I shall sleep in the open air. [gîte, lodgings. dormir à la belle étoile=to sleep in the open.] garder, to preserve. j'ai nom, my name is. d'un naturel nomade, of a wandering disposition. trois jours entiers, transl. three consecutive nights. toit, roof. je vis de, etc., I live by twenty petty occupations. dont on n'a pas besoin, of which one has no need (i.e. which are useless). l'inutile, the superfluous. faire glisser un bateau, to make a boat glide. pour placer la courbe exquise d'un hamac, to arrange the exquisite curve of (i.e. to hang gracefully) a hammock. lévriers (m.pl.), harriers. dompter, to break in. rétif, restive. encor, likewise. jongler, juggle. rimes d'or, sonorous rhymes. de plus, moreover. éleveur, trainer. faucons (m.pl.), falcons. professions à dîner rarement, professions in which one rarely dines, transl. very poor professions. qu'on ne croirait vraiment, than one would really believe. un être peu pratique, not a very practical person. alors que, when. pays, district. banales, commonplace [i.e. commonplace in comparison with the woods]. au fond des, in the depths of the. noisettes (f. pl.), hazel-nuts. écureuil, squirrel. fait bon accueil, give welcome. je tiens si peu de place, I take up so little room. tout en, while. découper, carving. quartier de chevreuil, haunch of venison. volaille grasse, fat poultry. en, for it (i.e. in consequence). moelleux, softness. lance, cast. plats fumants, steaming dishes. regards amis, friendly (i.e. covetous glances). et voilà que, etc., and so my place is laid (at table). comme la feuille morte, like a dead leaf [i.e. at the caprice of the wind]. but, object. avide d'horizon, longing for (new) horizons (i.e. scenery). halliers (m.pl.), thickets. lianes en fleurs, creepers in bloom. orne, decorate. reparé, start off again. bizarre, capricious. rencontré, met. léger des seize ans, in his light-hearted youth—lit. light-[hearted] with his sixteen years. vers luisants, glow-worms. épaisse feuillée, thick foliage. ruisselant, dripping. mouillée, wet. du côté riant de l'arcen-ciel, towards the cheerful rainbow. cherchant, seeking. pèlerin, pilgrim. ruisseau jaseur, babbling stream. passe le fleuve au gué, fords the river. va, goes on.

39. LA ROBE.—Étroite, narrow (i.e. small). mansarde où glisse, etc., attic where a dim light penetrated. se querellaient tous deux, were both quarrelling. cuvant l'ivresse, sleeping (himself) sober. sans caresse, without (any show of) affection. le regard terne encore, with eyes (still) dim. geste alourdi, heavy gesture, transl. gait. demeure, home. coupable, delinquent. usant d'un, resorting to a. détour, trick. s'empresse, is eager. s'absoudre, to absolve himself. soupçonne, suspect. de même, the same. misérable! wretch! soudain, at once. injures (f. pl.), insults. aigris, embittered. affreux, dreadful. blessures vives, painful wounds, i.e. cutting remarks. mornes perspectives, dismal prospects. amer, bitter. tout à coup,

suddenly. à quoi bon, of what good (is). bruit, noise, i.e. wrangling. j'en suis las, I am tired of it. et c'est par trop souvent, etc. =you are worrying me a good deal too often (lit. it is much too often splitting my brain). beau ménage vraiment, etc., a fine home indeed is ours. je prends l'existence en dégoût, I feel weary of life. attire, attracts. la chance, luck. accablé, overwhelmed. aussitôt, thereupon (replies). d'ailleurs, moreover. voilà longtemps, etc., we have been threatening each other for a long time. juste, true. en conscience, in (all) conscience. trop tardé, waited too long. va-t'en donc, go then. c'est assez travailler, I have worked enough. quoi qu'il advienne, happen what may. je saurai, I shall be able to. va courir au cabaret, hurry off to the tavern. ivrogne (m.), drunkard. soit, very well then (lit. be it so). meubles (m. pl.), furniture. effets (m. pl.), clothing. linge, linen. renoncer à, give up. ce qui me revient, what comes back to me (i.e. what belongs to me). dans, among. gueux, beggar. casquette, cap. il me faut la moitié, I must have half. bien, property. qui de nous ... montra plus de courage pour l'avoir, etc., which of us has shown himself more courageous (i.e. hardworking) to acquire it? mobilier, furniture. partager, to divide. les voilà, there they are. vaisselle, plates and dishes. pesant, weighing. l'eau ruisselle, the perspiration streams. mari, husband. sans rien d'attendri, without any emotion. tiroir (m.), drawer. bousculant, knocking about. siège (m.), seat. presse, hurries on. impie, wicked. bouleversé, upset. triste taudis, wretched hovel. sans nom, indescribable. plancher, floor. entasse, heaps up. part, share. partageons, let us divide (them). draps (m. pl.), sheets. consommaient ... ce divorce, were consummating this divorce. en s'arrachant, in snatching from each other. bien, property. n'est pour rien, counts for nothing. tirait, was drawing. fin, close. grise, dull. attristait, saddened. tâche obstinée, dogged work. dans le fond, etc., at the back of a cupboard. planche, shelf. aperçoit, notices= noticed. à l'écart, (laid) aside. noué, tied up. déplie, unfolds. linge, linen. vêtements (m. pl.), clothes. bonnet, cap. leur regard se rencontre, their eyes meet=met. reconnaît, recognised. dormant, lying. les reliques fanées d'une enfant, the faded relics of a little girl [note fem. article une]. qui n'est plus, who is no longer, i.e. who is dead. s'arrêtent tous deux, both paused. interdits, confused. sans voix, speechless. traversé, thrilled. d'un éclair, with a flash (of love). d'autrefois, of former days. revit là tout entière, is called up vividly before their eyes (lit. lives there again entire). pâlissant, turning pale. brodée, embroidered. vêtement, garment. pourquoi, Dieu l'a-t-il rappelée? why did God call her away? depuis, etc., since she departed nearly three years ago. gentille, pretty. d'un pas chancelant, with faltering step. lâcha, let go. sur ces restes sacrés, over these sacred remnants. immobile et rêvant, motionless and dreaming. désespérés, full of despair. étroite, tiny. tablier, apron. plis (m. pl.), folds. d'abord, at first. c'est trop d'injure, too many insults. tu te montres, you appeared [meaning, her daughter]. en éclatant, bursting (into tears). défend, forbids. pour nous gronder, to scold us. âme (f.), spirit. coulait le repentir, flowed (tears of) repentance. courut, ran up. sanglotant, sobbing. restons, let us remain.

40. LES PAUVRES GENS.—['This touching and beautiful story has had its counterpart, many a time and oft, among the authentic annals of the poor. The fisherman who takes two little orphans into his already overbrimming family belongs fortunately to a world not altogether of legend.'—(*Victor Hugo*, by F. T. Marzials).] **Pauvres gens**, poor folk. **cabane**, hut. **bien close**, very snug. **logis**, dwelling. **plein d'ombre**, in darkness. **qui rayonne à travers**, which radiates through. **crépuscule**, twilight. **filets de pêcheur**, fisherman's nets. **accrochés**, hung up. **au fond**, at the back. **encoignure** (*f.*), corner. **quelque**, a few. **aux planches** (*f. pl.*), on the boards, (*i.e.* shelves). **un bahut**, an old chest. **rideaux tombants**, drooping curtains. **matelas**, mattress. **s'étend**, is laid. **bancs**, benches. **nid d'âmes**, nest of (little) souls. [The huddling together of these five little children forming, so to speak, a nest of little angels.] **cheminée**, fire-place. **où quelques flammes veillent**, where a few (watchful) flames are flickering (lit. are watching). **plafond**, ceiling. **le front** = her face. **songe**, meditates. **pâlit**, turns pale. **et dehors, blanc d'écume l'océan jette au ciel** = and without, the sea, white with foam, hurls its dismal moaning to the sky. **brume**, mist. **en mer**, at sea. **depuis l'enfance matelot**, sailor from boyhood. **il livre au hasard sombre**, etc., he fights against tremendous odds. **bourrasque** (*f.*), squall. **marches**, steps. **musoir**, head of the jetty. **gouverne à lui seul**, steers by himself. **cousant**, sewing. **toiles**, canvas, sails. **remmaillant**, repairing the meshes of. **hameçon** (*m*) = **hameçons**, hooks. **surveillant l'âtre**, looking after the hearth, *i.e.* fire. **bout**, is simmering. **sitôt que**, as soon as. **battu des**, tossed by the. **il s'en va dans**, he goes forth into. **rien ne luit**, nothing shines (*i.e.* there is no light). **brisants** (*m. pl.*), breakers. **lames en démence**, raging billows. **lieu mobile**, (ever) shifting spot. **où se plaît le poisson**, etc., where the fish, with silver fins, like to disport themselves. **point**, speck. **grand deux fois**, twice as large. **or**, now. **ondée** (*f.*), rain. **comme**, how. **marée**, tide. **combiner sûrement les manœuvres**, manipulate skilfully the rigging. **âpre**, rough. **noir linceul**, dark shroud. **chimère** (*f.*), illusions. **cape**, cloak. **flamme**, light. **mât du signal**, signal mast. **et la voilà qui part**, and now off she goes. **air**, breeze. **souffle**, blows. **où le flot**, etc., where the waves of darkness pour in (*i.e.* where all is wrapped in darkness). **on dirait que**, t'is as though. **et qu'ainsi**, etc., and like a child, the dawn cries at being born. **l'on ne voit luire**, etc., no light shines in any window. **lugubre**, mournful. **masure**, hut. **palpite**, shakes. **murs vermoulus**, crumbling walls. **un toit hasardeux branle**, an unsteady roof is shaking. **bise**, wind (lit. north wind). **tord**, twists about. **chaumes hideux**, worn-out thatch. **sales**, dirty. **grosses eaux**, overflowing waters. **veuve**, widow. **comment elle va**, how she is. **personne ne répond**, no one answers. **frissonne au vent**, shivers in the wind. **comme c'est mal nourri**, how ill-fed they are. **se tait toujours**, is still silent. **comme si, par instants, les objets**, etc., as though sometimes (inanimate) objects were seized with. **éclaira le dedans**, lighted up the interior. **au bord**, at the edge. **grondants**, roaring. **plafond**, ceiling. **trous** (*m. pl.*), holes. **crible**, sieve. **était couchée**, lay. **immobile et renversée**, motionless and lying on her back. **regard obscur**, glassy eyes. **air effrayant**, ghastly appearance. **cadavre**, corpse. **gisait**, was lying. tout, quite. souriaient endormis, were smiling in their sleep. mante, shawl. nous dérobe, takes us away. tiédeur qui décroît, the declining warmth. pour qu'ils eussent chaud, that they might be warm. chez cette morte, in this dead woman's house. cape aux longs plis, long cape. pourquoi son pas tremblant, etc., why, with trembling steps, hastens she so? d'où vient qu', how is it that? ruelle, lane. sans oser, without daring. volé, stolen. falaise, cliff. blanchissait, grew white [as daylight approached]. on eût dit, one would have thought. chevet, bedside. à mots entrecoupés, with broken words. pendant qu'au, etc., whilst the wild sea roared in the distance. souci (m.), anxiety. sur les bras, on his hands. il n'avait pas assez de peine=had he not trouble enough. il faut que j'aille=why must I go? tant mieux, so much the better. bouge, moves. voilà-t-il pas . . . que j'ai peur, etc., fancy my being afraid of my husband's return! frissonnant, shuddering. s'enfonçant, sinking. dans, into. angoisse intime, silent anguish. même, even. bruits, sounds. cormoran, sea raven. noirs, doleful. bruyante et claire, noisy and bright (meaning that it was daylight). fit . . . entrer, etc., and caused a gleam of light to enter. traînant, dragging (after him). ruisselant, dripping. seuil, threshold. la marine! the Navy! prit, pressed. veste, jersey. avec emportement, rapturously. qu'éclairait l'âtre, etc., lit up by the flaming hearth. son cœur, etc., his kind and happy heart brightened (i.e. cheered) by Jenny. forêt (forests were formerly the haunts of thieves who waylaid travellers and hunters; hence the fisherman's simile). dur, rough. et me voilà bien aise, and so I am happy. pris, caught. troué, torn. tintamarre, hurly-burly. j'ai cru, I thought. se couchait, was capsizing. amarre (f.), cable. a cassé, snapped. se troubla, was perplexed. Ah! mon Dieu, rien, Oh, well! nothing (much). comme à l'ordinaire, as usual. commé un tonnerre, like the (roar of) thunder. j'avais peur, I was afraid. mais c'est égal, but never mind. ainsi etc., like those. elle a dû mourir, she must have died. enfin n'importe, anyhow, that doesn't matter [meaning that the exact time of her death is immaterial]. prit un air grave, looked serious. son bonnet de forçat, lit. his cap, a convict's cap [it means here the cap of one whose lot is to labour hard]. mouillé, drenched. grattant, scratching. saison mauvaise, bad times. se passait, did without. faire, manage. Bah! tant pis! Well, it can't be helped! (lit. so much the worse). ce sont là des accidents profonds, these be mysterious mishaps. à ces chiffons, from these 'shrimps' (lit. rags). c'est gros comme le poing. they are no bigger than my fist. ces choses-là sont rudes, those things are hard (to understand). il faut . . . avoir fait ses études, you must be a scholar. se sont réveillés, have waked up. nous les mêlerons tous, we will mix them all, i.e. we will bring them up together. cela nous grimpera, they will climb. je boirai de l'eau, I will (only) drink water. ferai double tâche, will work doubly hard (lit. will do double task). c'est dit, that's agreed. qu'as-tu? what's the matter with you? ça te fâche? does it annoy you? tiens! look! les voilà, here they are.

HACHETTE AND COMPANY
Publishers and Foreign Booksellers,
LONDON: 18, KING WILLIAM STREET, CHARING CROSS.

HACHETTE'S NEW SERIES OF LATIN CLASSICS
Compiled from the best texts available, and edited for Schools and Candidates preparing for Examinations.

Cæsar, De Bello Gallico. Edited by J. F. DAVIS, D.Lit., M.A., (Lond.); *Assistant Examiner in the University of London; Examiner of Schools for the same University, etc.:*—

Book I. With Notes, Vocabulary, and Map. 1s. 6d.
Books II. and III. With Notes, Vocabulary, and Map. (*In preparation.*)
* Book IV. With Notes, Vocabulary and Map. 1s. 6d.
* Book IV. With Vocabulary only. 9d.
* Books IV. and V. (in one vol.) With Notes, Vocabulary, and Map. 2s.
* Books IV. and V. (in one vol.) With Vocabulary and Map only. 1s. 6d.
* Book V. With Notes, Vocabulary, and Map. 1s. 6d.
* Book V. With Vocabulary only. 9d.
Books V. and VI. (in one vol.). With Notes, Vocabulary, and Map. 2s.
Book VI. With Notes, Vocabulary, and Map. 1s. 6d.
* Book VII. With Vocabulary. 9d.

* *The Latin-English Vocabularies in the above Latin Classics include numerous Idiomatic Phrases and Notes on personal and Geographical Names. The Vocabularies to the Volumes indicated by asterisks can likewise be had separately without the Text. Price, each, in Paper Covers, 6d.; or the Vocabularies to Books IV. and V. of* Cæsar, "De Bello Gallico," *together in one Volume, Paper Cover,* 9d.

"Both introduction and notes are well within the capacity of young pupils, to whom they should be useful in preparing for the Oxford and Cambridge Local Examinations. The book is strongly bound and clearly printed."—*School Guardian.*

"The notes are apt and brief, taking up specialities in construction and niceties of translation. In the vocabulary we notice that idiomatic phrases likely to perplex *tirones* have been carefully explained."—*Educational News.*

Cicero, Catiline. With Introduction, Notes, Vocabulary, etc., by Rev. RALPH HARVEY, M.A. (Lond.); *Headmaster of Cork Grammar School:*— (*In Preparation*).

Cicero, Pro Lege Manilia. Edited with Introduction, Notes, a full Analysis, Index of Proper Names, and Vocabulary, by the Rev. RALPH HARVEY, M.A. (Lond.), etc. Cloth. 2s.

"The 'Pro Lege Manilia' is here, in Mr. Harvey's beautifully printed little volume, treated with the greatest scholastic ease, fulness, and judgment. The book is intended for boys, and is, in every way suitable to them and worthy of the study of those wishing to master at once the speech itself as a whole and the circumstances in which it was spoken. The copious Notes make every doubtful point plain and supply all necessary links of information. There could not possibly be a better text-book, nor one more complete for the young scholar's purpose."—*Irish Times.*

Ovid, Metamorphoses. Edited by Rev. RALPH HARVEY, M.A. (Lond.). Cloth. 2s.

Book XIII. With Notes, Index of Proper Names, and a full Latin-English Vocabulary. Cloth. 2s.
Book XIV. With Life of Ovid, Notes, Index of Proper Names, a full Latin-English Vocabulary, and an Index to Notes. Cloth. 2s.

"The text is elegantly printed. The Notes are those of a scholar who thoroughly appreciates and has made a kindly study of the difficulties that lie in the path of the student. The quantities are marked so that the learner cannot go wrong; and the editing is most wholesome and careful."—*Irish Times.*

"Could hardly be improved upon. The Notes are sound and are judiciously selected. An excellent vocabulary and a copious index of proper names add to the value of the book."—*Freeman's Journal.*

Vergil, Æneid. Edited by J. F. DAVIS, D.Lit., M.A. (Lond.), etc. :—
Book V. With Introduction, Notes, Vocabulary, and brief Rules on Quantity. 1s. 6d.
Book IX. With Vocabulary. 9d.
—— Vocabulary to Book IX. separately, 9d.

LONDON: 18, KING WILLIAM STREET, CHARING CROSS.

Hachette's German Readers for Elementary and Intermediate Classes.

(The Editors' Names are placed in Parenthesis).

All volumes bound in Cloth unless otherwise indicated.

	s.	d.
*The Children's Own German Book. Amusing Stories in Prose for Beginners. With Vocabulary. 120 pages. (Dr. A. L. MEISSNER, M.A.)	1	6
The First German Reader. Episodes from German History, Short Stories from German Authors, Legends, etc., progressively arranged with Notes. 108 pages. (Dr. A. L. MEISSNER, M.A.)	1	6
Pictures of German Life (Sequel to 'First German Reader'). From Contemporary Authors, including Auerbach, Freytag, Riehl, Wichert, etc. With Notes, etc. 120 pages. (Dr. A. L. MEISSNER, M.A.)	1	6
*Practical German Readings for Beginners. Simply-told Fables, Anecdotes, etc., introducing Matters of Every-day Life (House and School, Games, Animals, Pictures from Nature), Verses, etc., with Special List of Words to each Extract in the First Part, Footnotes, Questions, and Vocabulary. Adapted for the Use of English Pupils, from the 'Lectures Pratiques allemandes' of MM. BOSSERT and BECK. 162 pages. (L. HAPPÉ.)	2	6
*Practical German Readings—Intermediate and Advanced. Scenes from Nature, Descriptive Sketches and Object Lessons, Geographical Pictures, Travels, Tales from History, Biographies, and Special Selections from Authors who have written for young people, including the Brothers Grimm, Hebel, Ramshorn, Schmidt, Herder, and Liebeskind. Carefully graduated. (L. HAPPÉ.)	3	6
*Lust und Lehre. A Progressive German Reader in Prose and Poetry. With Notes and Vocabulary. (O. SCHLAPP.)	1	6
Deutsche Märchen. Popular Tales of Moderate Difficulty, combining the Colloquial Forms of Every-day Speech and the Higher Forms of a Polished Style. With Notes. (M. HOMANN.)	2	0
Breul, A Handy Bibliographical Guide to the Study of the German Language and Literature. Compiled for the Use of Students, Librarians, Teachers, and for reference purposes. (Dr. K. BREUL, M.A., Ph.D., *Cambridge University Lecturer in German, Examiner in German to the University of London*, etc., etc.) 160 pages. Crown 8vo. Cloth	2	6

"Dr. Breul will win the gratitude of many teachers and students of German for the valuable aid he has brought within their reach in the *Bibliographical Guide* to the best and most important books on German Language and Literature, such as Germanic and German Philology, Languages, Annotated Editions of Classics, etc., and the names of all the scholars whose works appear in the Guide in alphabetical order in the index." *Educational Times.*

---

* *The Volumes indicated by Asterisks (*) have German-English Vocabularies in addition to the Notes.*

HACHETTE AND
Publishers and Foreign
LONDON: 18, KING WILLIAM STREET, CHARING CROSS.

Hachette's New Series of German Authors.

(The Editors' Names are placed in Parenthesis.)
Compiled from the best Texts available, and edited for Schools and Candidates preparing for Examinations.

"The well-known firm of Hachette and Company, who have done so much to facilitate the study of French, are by their German publications rivalling the success they had long ago attained in regard to French. Assuredly the acquisition of a modern language is now a very much easier matter than it used to be. When one has followed by easy degrees the various steps from simple sentences to the glory of continuous prose he is naturally anxious that the reading should entertain him, as well as add to his knowledge. No better books could be devised for such a purpose than some of those issued by Hachette!"—*Freeman's Journal*, Oct. 22nd, 1897.

All volumes bound in Cloth unless otherwise indicated.   *s.   d.*

- *Benedix, Dr. Wespe. (Rev. A. C. CLAPIN, M.A.) Paper cover   0   9
- *Freytag, Die Journalisten. (Dr. J. F. DAVIS, M.A.)   -   -   2   6
- Goethe, Hermann und Dorothea. (Rev. A C. CLAPIN, M.A.) Paper cover   -   -   -   -   -   -   -   -   -   0   9
- *Goethe, Iphigenie auf Tauris. (Dr. A. WEISS, M.A.)   -   -   2   0
- Goethe, Prosa. Extracts from the 'Italienische Reise;' 'Aus meinem Leben,' 'Götz von Berlichingen,' etc., etc. (Dr. BUCHHEIM, F.C.P.)   -   -   -   -   -   -   -   2   6
- *Grimm, Märchen. (FIRST SERIES.) 22 Popular Fairy Tales. (E. L. NAFTEL.)   -   -   -   -   -   -   -   -   1   6
- Grimm, Märchen. (SECOND SERIES.) 5 Popular Fairy Tales. NAFTEL and BODE.) Paper cover   -   -   -   -   -   1   0
- *Gutzkow, Zopf und Schwert. (Dr. J. F. DAVIS, M.A.)   -   2   6
- *Hackländer, Der geheime Agent. (Dr. J. F. DAVIS, M.A.)   -   2   0
- *Hauff, Das Bild des Kaisers. (Dr. J. F. DAVIS, M.A.)   -   2   0
- *Hauff, Märchen: Das Wirtshaus im Spessart. (Dr. J. F. DAVIS, M.A.)   -   -   -   -   -   -   -   -   -   2   6
- *Hauff, Märchen: Die Karawane. (Dr. J. F. DAVIS, M.A.)   2   6
- *Klee, Die deutschen Heldensagen : 1. Hagen und Hilde. 2. Gudrun. (Dr. J. F. DAVIS, M.A.)   -   -   -   2   6
- Kotzebue, Der gerade Weg der Beste. (Rev. A. C. CLAPIN, M.A.) Paper cover   -   -   -   -   -   -   -   0   9
- Kotzebue, Die deutschen Kleinstädter. (E. L. NAFTEL.) Paper cover   -   -   -   -   -   -   -   -   -   0   9
- *Lessing, Minna von Barnhelm. (Dr. J. F. DAVIS, M.A.)   -   2   0
- *Lessing, Fables in Prose and Verse. (E. L. NAFTEL.)   -   1   6
- *Lessing und Gellert, Fabeln und Erzählungen. (E. L. NAFTEL.   1   6
- *Niebuhr, Heroen Geschichten. (A. VOEGELIN, M.A.)   -   -   2   0
- *Riehl, Kulturgeschichtliche Novellen. (Dr. J. F. DAVIS, M.A.   2   6
- *Riehl, Die Ganerben ; Die Gerechtigkeit Gottes. (Dr. J. F. DAVIS, M.A.)   -   -   -   -   -   -   -   -   -   2   0
- Schiller, Der Geisterseher. (Rev. C. MERK, M.A., Ph.D.)   -   2   6
- *Schiller, Gustav Adolf in Deutschland, 1630-1632. (From 'History of the Thirty Years War.') (Dr. BERNHARDT.)   -   2   0
- Schiller, Maria Stuart. (E. L. NAFTEL.) Paper cover   -   -   0   9
- *Schiller, Der Neffe als Onkel (Dr. L. HIRSCH.)   -   -   -   1   6
- Schiller, Der Parasit. (Rev. A. C. CLAPIN, M.A.) Paper cover   0   9
- Schiller, Prosa. Extracts from 'Der Geisterseher,' 'Der Abfall der Niederlande,' 'Der dreissig-jährige Krieg,' 'Scenen aus Fiesco,' etc., etc.   -   -   -   -   -   -   -   -   -   2   6
- Schiller, Wilhelm Tell. (E. L. NAFTEL.) Paper cover   -   -   0   9
- *Zschokke, Goldmacherdorf. (G. HEIN.)   -   -   -   2   6

* *The Volumes indicated by Asterisks (*) have German-English Vocabularies in addition to the Notes.* — For full particulars, see Hachette's Catalogue, Free on Application.

[10. 00.

www.ingramcontent.com/pod-product-compliance
Lightning Source LLC
Chambersburg PA
CBHW022136160426
43197CB00009B/1311